12080686 PRESENTE ARTE 5 ED3

Acesse

www.moderna.com.br/ac/livroportal

e siga as instruções para ter acesso
aos conteúdos exclusivos do

Portal e Livro Digital

CÓDIGO DE ACESSO:

A 00097 PREARTE3E 5 28040

Faça apenas um cadastro. Ele será válido para:

MODERNA Richmond SANTILLANA ESPAÑOL

CB058781

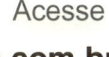

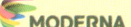

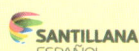

PRESENTE ARTE 5

Rosa Iavelberg
Doutora em Arte-Educação pela Escola de Comunicações e Artes da Universidade de São Paulo. Professora da Faculdade de Educação da Universidade de São Paulo. Atua na formação continuada de professores de Arte.

Tarcísio Tatit Sapienza
Graduado em Arquitetura pela Faculdade de Arquitetura e Urbanismo da Universidade de São Paulo. Artista e arte-educador atuante na produção de materiais educativos e na formação de professores de Arte.

Luciana Mourão Arslan
Doutora em Educação pela Faculdade de Educação da Universidade de São Paulo. Mestre em Artes pelo Instituto de Artes da Universidade Estadual Paulista Júlio de Mesquita Filho (Unesp). Professora do curso de Artes Visuais da Universidade Federal de Uberlândia. Desenvolve pesquisa como artista e professora.

COORDENAÇÃO PEDAGÓGICA
Neuza Sanchez Guelli

3ª edição

© Rosa Iavelberg, Tarcísio Tatit Sapienza,
Luciana Mourão Arslan, 2012

Coordenação editorial: Marisa Martins Sanchez
Edição de texto: Ligia Ricetto, Cristiane Maia
Coordenação de *design* e projetos visuais: Sandra Botelho de Carvalho Homma
Projeto gráfico: Mariza de Souza Porto
Capa: *Criação*: Sandra Botelho de Carvalho Homma
   Produção e direção de arte: Aurélio Camilo
   Ilustrações: Renato Ventura
Coordenação de produção gráfica: André Monteiro, Maria de Lourdes Rodrigues
Coordenação de arte: Maria Lucia Ferreira Couto
Edição de arte: Marcia Nascimento
Ilustrações: Bruna Ishihara, Filipe Rocha, Hector Gómez, Hugo Araújo, Leninha Lacerda, Levyman, Paulo Fradinho, Paulo Manzi
Cartografia: Anderson de Andrade Pimentel, Fernando José Ferreira, Ericson Guilherme Luciano
Coordenação de revisão: Elaine C. del Nero
Revisão: Nair H. Kayo
Pesquisa iconográfica: Etoile Shaw, Odete Ernestina Pereira, Aline Chiarelli Reis, Vanessa Manna
Coordenação de *bureau*: Américo Jesus
Tratamento de imagens: Arleth Rodrigues, Fabio N. Precendo, Rubens M. Rodrigues
Pré-impressão: Alexandre Petreca, Everton L. de Oliveira Silva, Hélio P. de Souza Filho, Marcio H. Kamoto
Coordenação de produção industrial: Wilson Aparecido Troque
Impressão e acabamento: EGB-Editora Gráfica Bernardi Ltda.
Lote: 236695

Dados Internacionais de Catalogação na Publicação (CIP)
(Câmara Brasileira do Livro, SP, Brasil)

Iavelberg, Rosa
   Presente arte / Rosa Iavelberg, Tarcísio Tatit Sapienza, Luciana Mourão Arslan ; [coordenação pedagógica Neuza Sanchez Guelli] . — 3. ed. — São Paulo : Moderna, 2012. — (Projeto presente).

   Obra em 5 volumes para alunos do 1º ao 5º ano.
   Bibliografia

   1. Arte (Ensino fundamental) I. Sapienza, Tarcísio Tatit. II. Arslan, Luciana Mourão. III. Guelli, Neuza Sanchez. IV. Título. V. série.

12-02455   CDD-372.5

Índices para catálogo sistemático:
1. Arte : Ensino fundamental   372.5

ISBN 978-85-16-08068-6 (LA)
ISBN 978-85-16-08069-3 (GR)

Reprodução proibida. Art. 184 do Código Penal e Lei 9.610 de 19 de fevereiro de 1998.
Todos os direitos reservados
EDITORA MODERNA LTDA.
Rua Padre Adelino, 758 - Belenzinho
São Paulo - SP - Brasil - CEP 03303-904
Vendas e Atendimento: Tel. (0_ _11) 2602-5510
Fax (0_ _11) 2790-1501
www.moderna.com.br
2018
Impresso no Brasil

1 3 5 7 9 10 8 6 4 2

> O objetivo da arte é descobrir, conhecer
> e modificar o mundo.
>
> Amilcar de Castro

Eben Ostby, da Pixar Animation, trabalhando.

Seu livro é assim

Este é o seu livro de Arte.
Veja de que forma ele está organizado.

Abertura

Primeiros contatos
Você vai perceber o que sabe sobre o assunto.

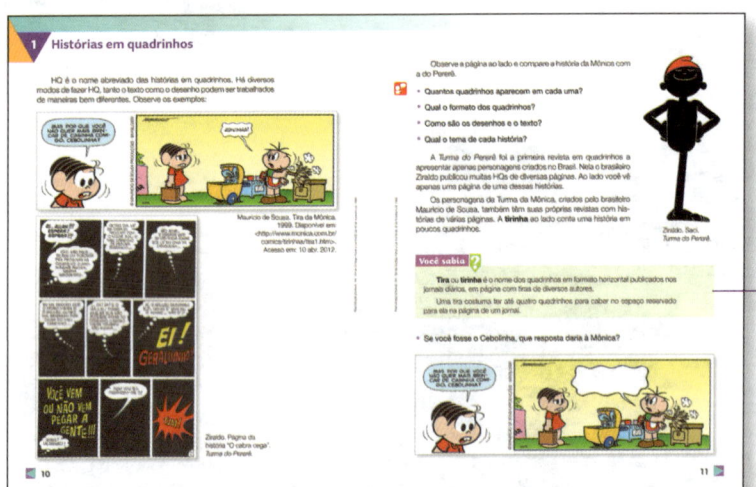

Você sabia?
Você vai conhecer outros textos e descobrir novas ideias e lugares.

Você vai aplicar os conhecimentos estudados, elaborando diversos tipos de trabalhos artísticos.

Refletindo mais
Você vai saber mais sobre os assuntos que estudou na unidade.

De leitor para leitor
Você vai poder ampliar seus conhecimentos e se entreter com os livros indicados nesta seção.

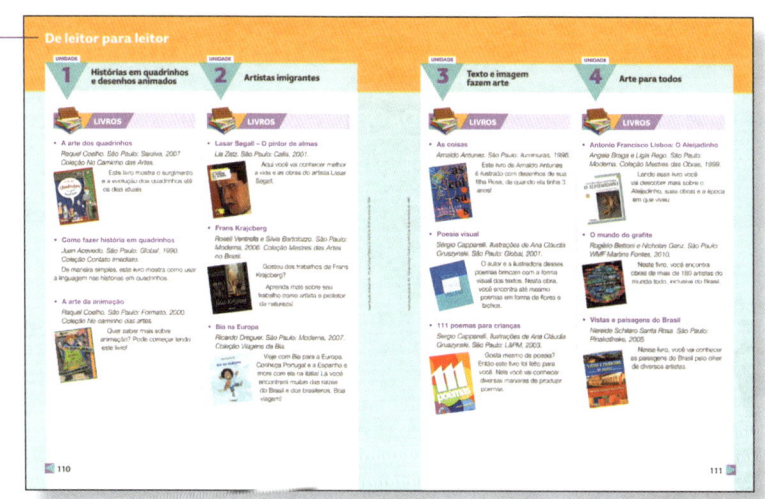

Neste livro, você vai encontrar ícones que indicarão a forma como serão realizadas as atividades. São eles:

 Atividade oral

 Atividade em grupo

 Atividade em dupla

Sumário

UNIDADE 1

Históricas em quadrinhos e desenhos animados — 8

Primeiros contatos 9
1. Histórias em quadrinhos 10
2. Ler e estudar quadrinhos 12
3. Os elementos das histórias em quadrinhos ... 14
4. Escrever e desenhar quadrinhos 16
5. A invenção do desenho animado 18
6. Como fazer animações 20
7. O fenacistiscópio 22
8. Planejar animações 24

Refletindo mais 28

UNIDADE 2

Artistas imigrantes — 30

Primeiros contatos 30
9. Lasar Segall: da Lituânia para o Brasil 32
10. Samson Flexor: da Romênia para o Brasil 36
11. Lina Bo Bardi: da Itália para o Brasil 38
12. A *designer* Lina Bo Bardi 41
13. Manabu Mabe: do Japão para o Brasil 43
14. Frans Krajcberg: da Polônia para o Brasil 46
15. Arte e meio ambiente 48
16. Vieira da Silva: uma apátrida no Brasil 52

Refletindo mais 56

UNIDADE 3
Texto e imagem fazem arte — 58

Primeiros contatos 59
17. Criar novos sentidos 60
18. Poesia visual 64
19. Arnaldo Antunes 66
20. A conversa 70
21. Fazendo arte com texto 72
22. Escrever e desenhar 76
23. Livro de artista 78
24. Receita de obra de arte 82
Refletindo mais 84

UNIDADE 4
Arte para todos — 86

Primeiros contatos 87
25. A cidade e as esculturas de Aleijadinho 88
26. Estátuas vivas 90
27. Orozco: um muralista mexicano 92
28. A arte e as questões sociais 94
29. Grafite 96
30. Colando *stickers* pela cidade 100
31. *Performances* e *Happenings* 103
32. *Flash mobs* 107
Refletindo mais 108

De leitor para leitor 110

UNIDADE 1
Histórias em quadrinhos e desenhos animados

Construção do personagem de quadrinhos Cebolinha.

Estudo do personagem Pedro, do desenho animado *Escola pra cachorro*, 2009.

Estudo da personagem Suki, do desenho animado *Escola pra cachorro*, 2009.

▼ Primeiros contatos

Lendo quadrinhos e assistindo a desenhos animados você conhece diferentes personagens, suas ações e o mundo criado por seus autores.

Sabendo como são feitos, você também poderá fazer os seus!

1 Histórias em quadrinhos

HQ é o nome abreviado das histórias em quadrinhos. Há diversos modos de fazer HQ, tanto o texto como o desenho podem ser trabalhados de maneiras bem diferentes. Observe os exemplos:

Mauricio de Sousa. Tira da Mônica, 1999. Disponível em: <http://www.monica.com.br/comics/tirinhas/tira1.htm>. Acesso em: 10 abr. 2012.

Ziraldo. Página da história "O cabra cega". *Turma do Pererê*.

Observe a página ao lado e compare a história da Mônica com a do Pererê.

- Quantos quadrinhos aparecem em cada uma?
- Qual o formato dos quadrinhos?
- Como são os desenhos e o texto?
- Qual o tema de cada história?

A *Turma do Pererê* foi a primeira revista em quadrinhos a apresentar apenas personagens criados no Brasil. Nela o brasileiro Ziraldo publicou muitas HQs de diversas páginas. Ao lado você vê apenas uma página de uma dessas histórias.

Os personagens da Turma da Mônica, criados pelo brasileiro Mauricio de Sousa, também têm suas próprias revistas com histórias de várias páginas. A **tirinha** ao lado conta uma história em poucos quadrinhos.

Ziraldo. Saci. *Turma do Pererê*.

Você sabia?

Tira ou **tirinha** é o nome dos quadrinhos em formato horizontal publicados nos jornais diários, em página com tiras de diversos autores.

Uma tira costuma ter até quatro quadrinhos para caber no espaço reservado para ela na página de um jornal.

- Se você fosse o Cebolinha, que resposta daria à Mônica?

2. Ler e estudar quadrinhos

A historinha a seguir foi feita pelo desenhista brasileiro Laerte. Ele a usou como prefácio de um de seus livros de quadrinhos, *Laertevisão: coisas que não esqueci*.

PREFÁCIO

Laerte. *Laertevisão: coisas que não esqueci*. São Paulo: Conrad, 2007.

Vamos ler e conversar sobre a história.

- O que você achou da história?
- Os desenhos dos quatro quadrinhos são parecidos?
- Quem está falando em cada balão?
- Você conseguiria entender o que acontece na história sem ler o que está escrito?

Agora você vai observar os quatro quadrinhos da história do Laerte e escrever respondendo às perguntas abaixo.

- Em que posição está o personagem? O que ele está fazendo?
- O que ele está vestindo? Em que lugar ele está?
- O que está escrito no quadrinho? Como é o balão de fala? E o tamanho das letras?

3. Os elementos das histórias em quadrinhos

Vamos investigar e conhecer alguns dos elementos usados para construir uma HQ.

- **Balões** são as molduras das falas dos personagens; seu formato pode complementar o sentido do que está escrito.

- **Legendas** são informações ou comentários do narrador que podem aparecer no alto, ao lado ou abaixo nos quadrinhos.

- **Letras** de diferentes formatos e tamanhos podem ser usadas nos títulos ou para diferenciar as falas dos personagens.

- **Onomatopeias** são os escritos que representam os sons da história.

- **Enquadramento** é a maneira de apresentar uma cena. Entre os mais utilizados estão:
    - ✓ Plano geral – vemos todo o personagem mais o local.
    - ✓ Close – o rosto do personagem aparece em destaque.
    - ✓ Plano de detalhe – mostra apenas um pequeno detalhe.

Gibiteca comunitária de Campo Grande.

Conheça um pouco mais do processo de produção de HQs a seguir:

- O argumento da história pode ser escrito por quem a desenha ou por outra pessoa. Alguns criadores preferem desenhar, outros trabalhar apenas como roteiristas.

- Diagramação é a maneira como é organizada a distribuição do texto e das imagens da história.

- O formato dos quadrinhos pode variar; sua forma pode ser quadrada, redonda, triangular, irregular ou até não ter limites desenhados.

- O estilo do desenho deve acompanhar o tipo de história que está sendo contada.

Observe as imagens desta página e escreva os nomes dos elementos correspondentes, destacados no texto da página anterior.

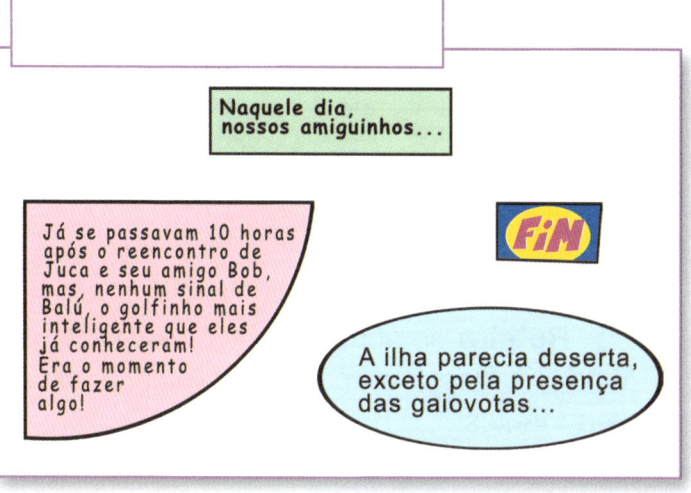

4 Escrever e desenhar quadrinhos

Muitos profissionais colaboram na produção das histórias em quadrinhos. É comum a divisão de tarefas na criação de revistas, além do desenhista e do roteirista, há letristas, coloristas etc.

Os criadores de histórias em quadrinhos esboçam desenhos para pensar como vão diagramar as ideias definidas no **roteiro**. Costumam chamar esses esboços pelo nome inglês *layout*.

Os quadrinistas brasileiros Fabio Moon e Gabriel Bá são irmãos e costumam trabalhar juntos. Observe abaixo o *layout* e a arte-final da mesma página de uma de suas HQs. Como publicam seu trabalho também no exterior, o texto está em inglês.

Layout de uma página de HQ, 2009.

Mesma página de HQ com a arte-final pronta, 2009.

Você sabia?

Roteiro de quadrinhos é o texto feito para planejar a sequência das cenas de uma HQ. Descreve, página a página, o que acontece, o que é dito e outros detalhes importantes.

Vamos criar uma tirinha de três quadros!

- Aproveite o espaço abaixo para anotar suas ideias iniciais, escrevendo ou desenhando.

- Desenhe aqui sua história. Você pode primeiro esboçar e depois fazer a arte-final.

5 A invenção do desenho animado

Você sabe como são feitos os desenhos animados?

Como alguém consegue fazer com que as imagens nos deem a ilusão de movimento?

Vamos conhecer algumas das primeiras formas de cinema de animação e fazer experiências para compreender essa técnica.

Observe esta antiga invenção e tente descobrir como funciona. Seu nome é taumatrópio.

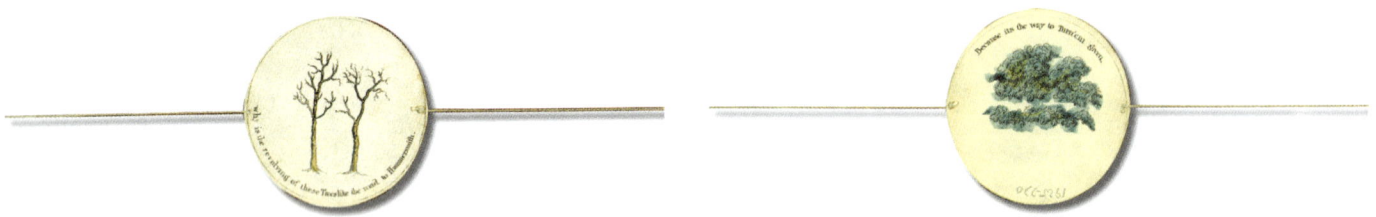

Taumatrópio, de c. 1825, com tronco de duas árvores e texto.

Outro lado do mesmo taumatrópio com folhagem das árvores e texto.

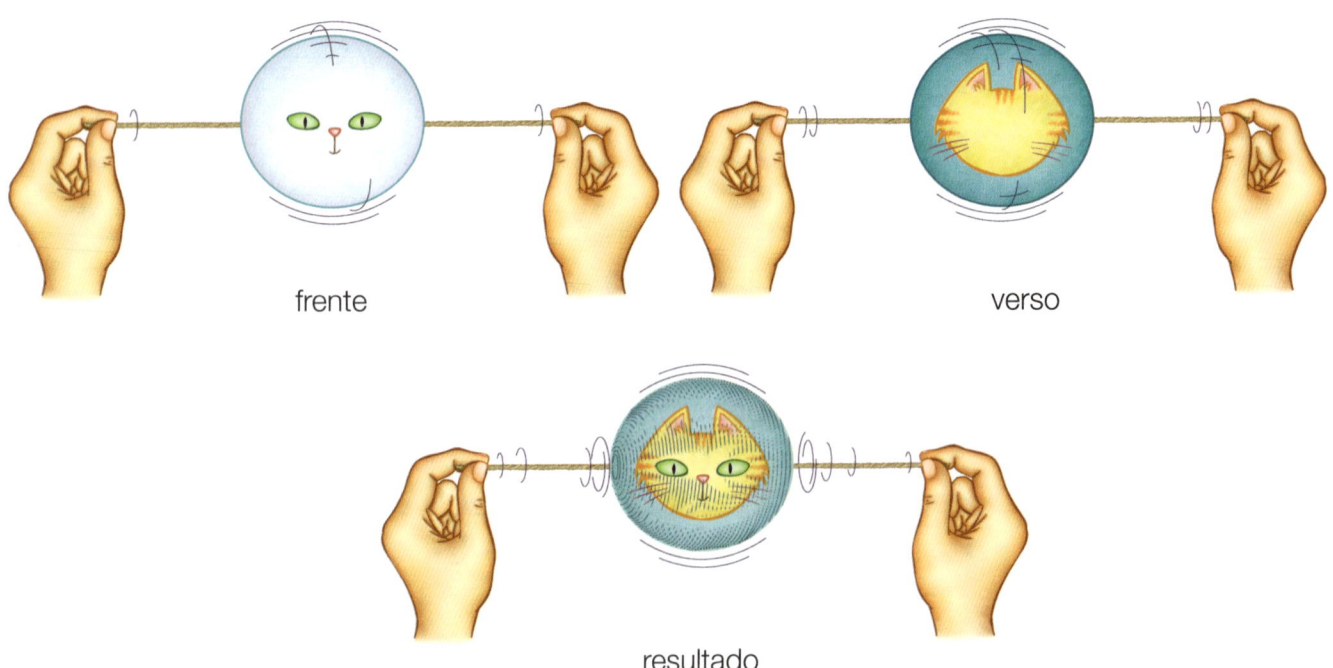

frente

verso

resultado

Ao puxar e soltar o barbante, o taumatrópio movimenta-se rapidamente. Assim, vemos a figura que está desenhada no verso dele e a que está na frente combinadas num só desenho.

O movimento veloz das imagens faz com que nosso cérebro perceba os dois lados do taumatrópio como se fossem apenas um.

Parece mágica!

No encarte da página 113 você vai encontrar uma figura destacável já desenhada para montar seu taumatrópio.

- Para montá-lo, prenda uma linha grossa entre as partes usando fita adesiva dupla face ou cola.

- Quando girar, o encaixe tem de ser perfeito!

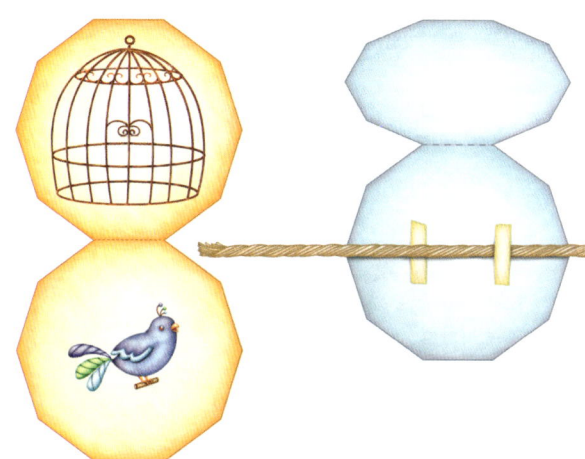

Na página 115, você vai encontrar encartes em branco para fazer taumatrópios com seu próprios desenhos ou palavras!

- Não se esqueça de planejar bem, pensando no resultado final.

- Antes de desenhar no encarte, estude aqui sua ideia.

- O que você vai desenhar na frente para se misturar ao desenho do verso do taumatrópio?

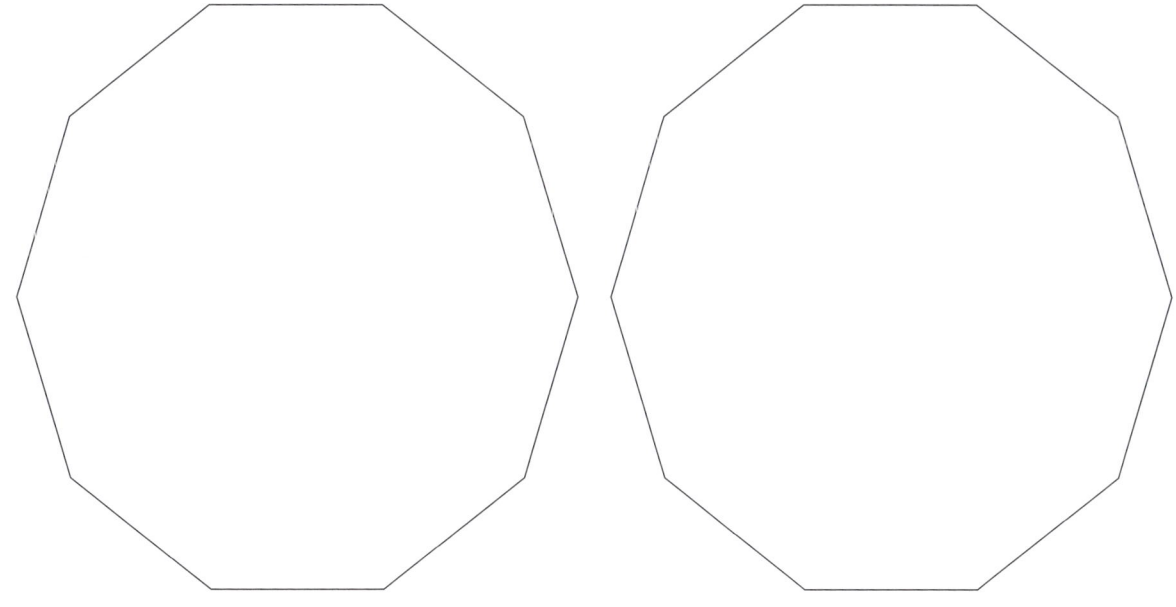

6 Como fazer animações

A técnica básica de todo filme de animação de imagens pode parecer uma brincadeira, mas para fazer um desenho animado longo são necessários muitos desenhos, até mesmo milhares deles!

A ilusão do movimento surge com o auxílio de mecanismos que trocam as imagens em alta velocidade.

Repare na imagem abaixo: o animador está virando rapidamente as páginas de um caderno para ter noção do movimento que vai dar a um personagem. Esse tipo de animação é chamado em inglês de *flip book*.

Animador da Disney, Ollie Johnston movimentando um *flip book* com seus desenhos, em 1990.

Pesquise

Existe na internet muito material sobre *flip books*. Com orientação de seu professor procure alguns *sites* sobre *flip books* e compartilhe com seus colegas.

Você pode construir um *flip book* com diversos desenhos. Siga as dicas:

- Faça desenhos simples.

- Escolha um papel que tenha certa transparência e permita enxergar o desenho da folha de baixo. Isso facilita continuar o movimento quadro a quadro.

- Blocos de notas, vendidos em papelarias, são ideais para este trabalho, mas você também pode aproveitar o canto de algum caderno.

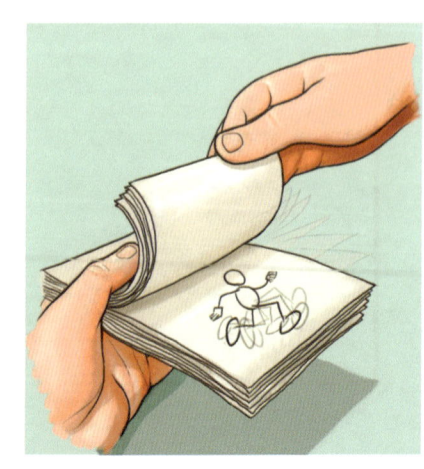

Faça seu desenho se mover!

Aprenda uma técnica simples para animar desenhos, utilizando apenas duas folhas. Basta acompanhar as instruções com atenção.

Dobre e corte ao meio uma folha de papel branco.

Dobre novamente ao meio uma das partes, mas não a corte.

Na folha de baixo trace um desenho.

Na folha de cima, copie o mesmo desenho fazendo uma pequena modificação, no todo ou em algum detalhe.

Pronto! Enrole a folha com um lápis ou caneta, use-o para movimentar a folha e observe sua animação.

7 O fenacistiscópio

O fenacistiscópio é um dos mecanismos inventados no início da história da animação para movimentar desenhos.

Quando giramos o disco em frente a um espelho e olhamos pelas janelinhas, vemos o desenho se movimentar. Observe como funciona.

Equipamento em uso similar ao fenacistiscópio, 1922.

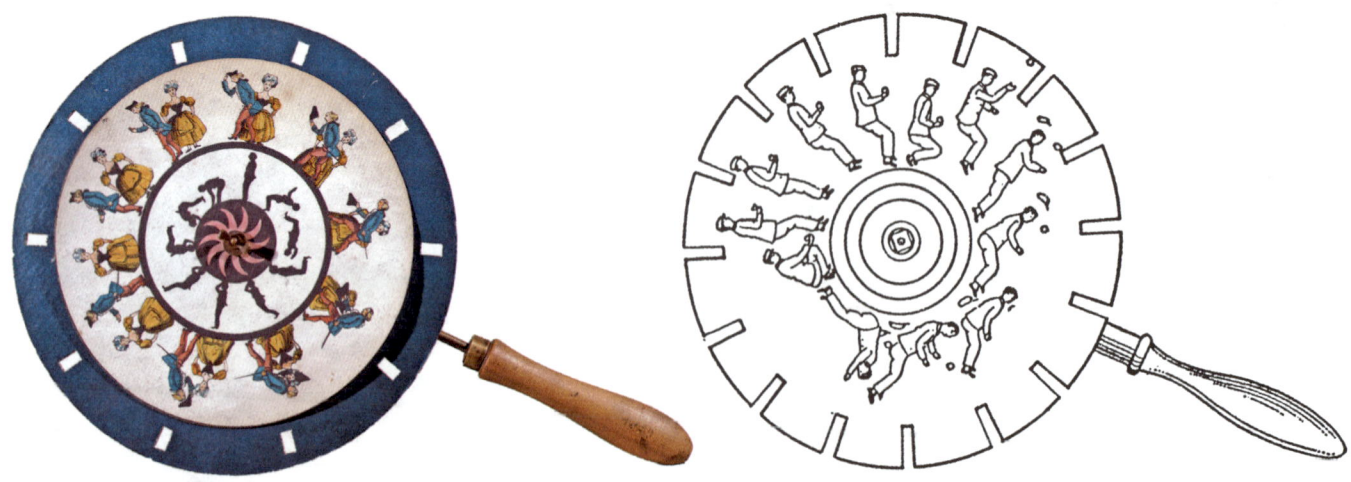

Disco para fenacistiscópio com casal dançando, 1835.

Disco para fenacistiscópio em desenho do século XIX.

Desenhe sua própria animação

Para começar, faça aqui um estudo a lápis de uma sequência de desenhos com pequenas modificações. Por exemplo, uma cara mudando de expressão ou um pássaro se movendo.

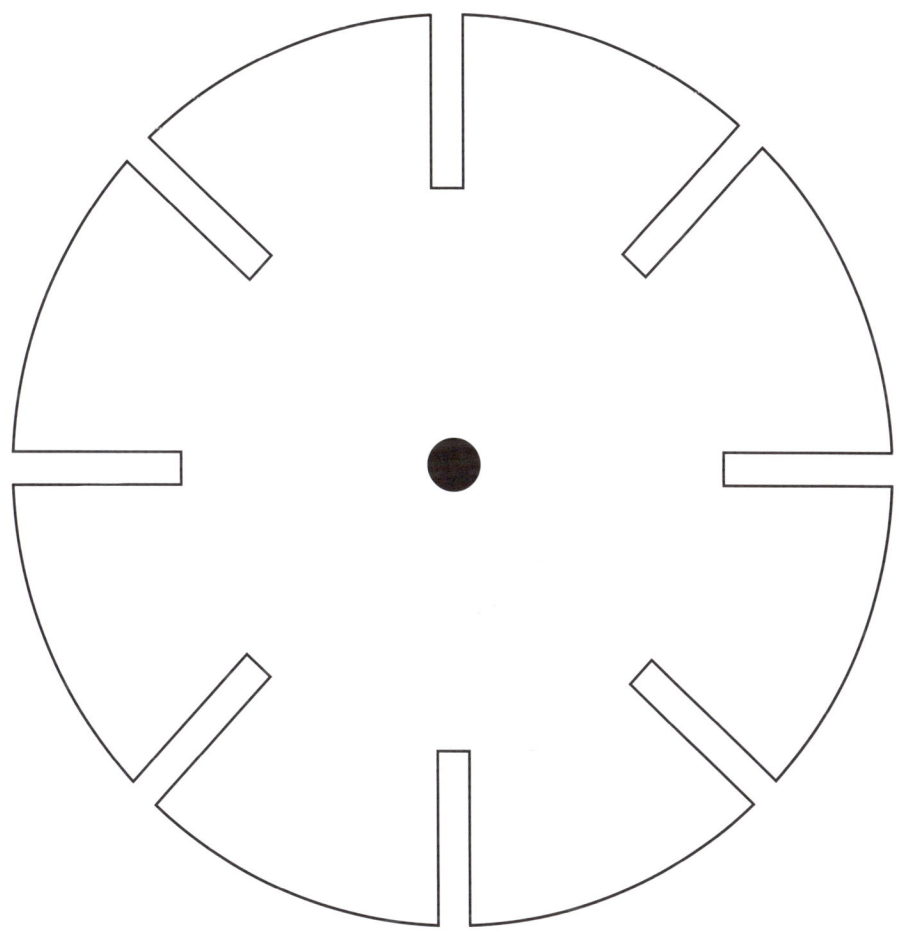

Faça em cada seção do círculo um desenho parecido, alterando apenas algum detalhe.

Depois de perfurar o centro, encaixe o disco em um lápis.

Gire o disco de frente para um espelho para ver seu desenho se movimentar.

8 Planejar animações

Para produzir animações, mesmo curtas, é preciso fazer muitos desenhos. Atualmente, o computador facilita muito a realização de diversas etapas desse trabalho, como colorir desenhos, estudar movimentos, criar modelos tridimensionais a partir de bonecos, organizar todas as informações sobre a animação etc.

Eben Ostby, da Pixar Animation, trabalhando.

Mulher trabalhando em animação do Studio Ghibli, Tóquio, 2006.

Para planejar uma animação, os criadores de desenhos animados fazem um roteiro visual que combina imagens e anotações escritas.

O nome desse tipo de planejamento é *storyboard*. A sequência de desenhos e textos parece com uma HQ, o número de páginas varia conforme o tamanho da história.

Repare nas indicações escritas no *storyboard* abaixo, do desenho animado *Escola pra cachorro*: o nome do episódio, a numeração das páginas, o número da tomada (cena) e do quadro, sua duração e também os diálogos e notas de ação.

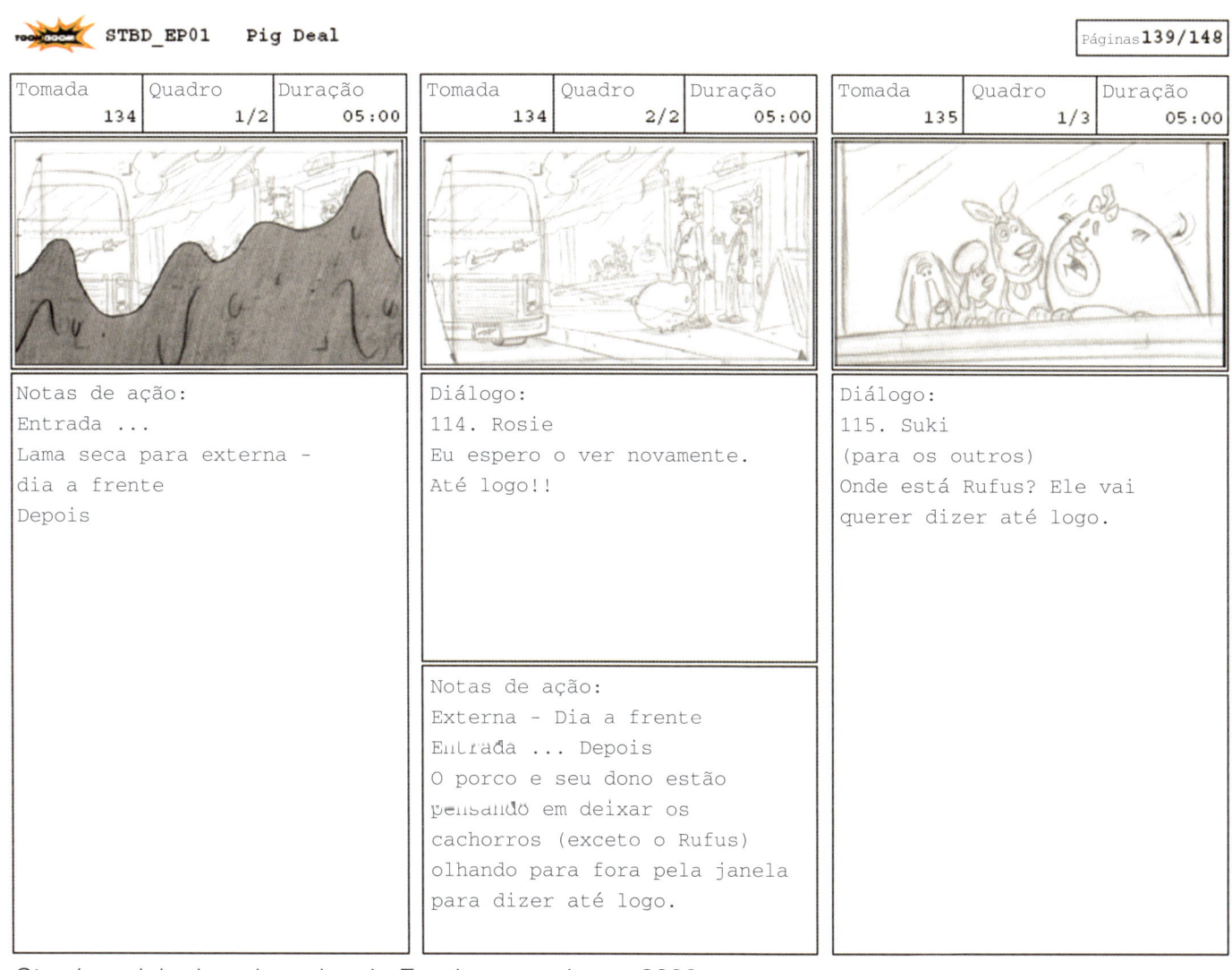

Storyboard do desenho animado *Escola pra cachorro*, 2009.

Nos desenhos animados, o som é tão importante quanto a imagem. Para que fiquem em perfeita sincronia, as falas dos personagens e os efeitos sonoros costumam ser gravados antes que sejam feitos os desenhos.

25

Você reconheceu no *storyboard* da página anterior a personagem Suki?

No início desta unidade já vimos outro estudo dela em movimento.

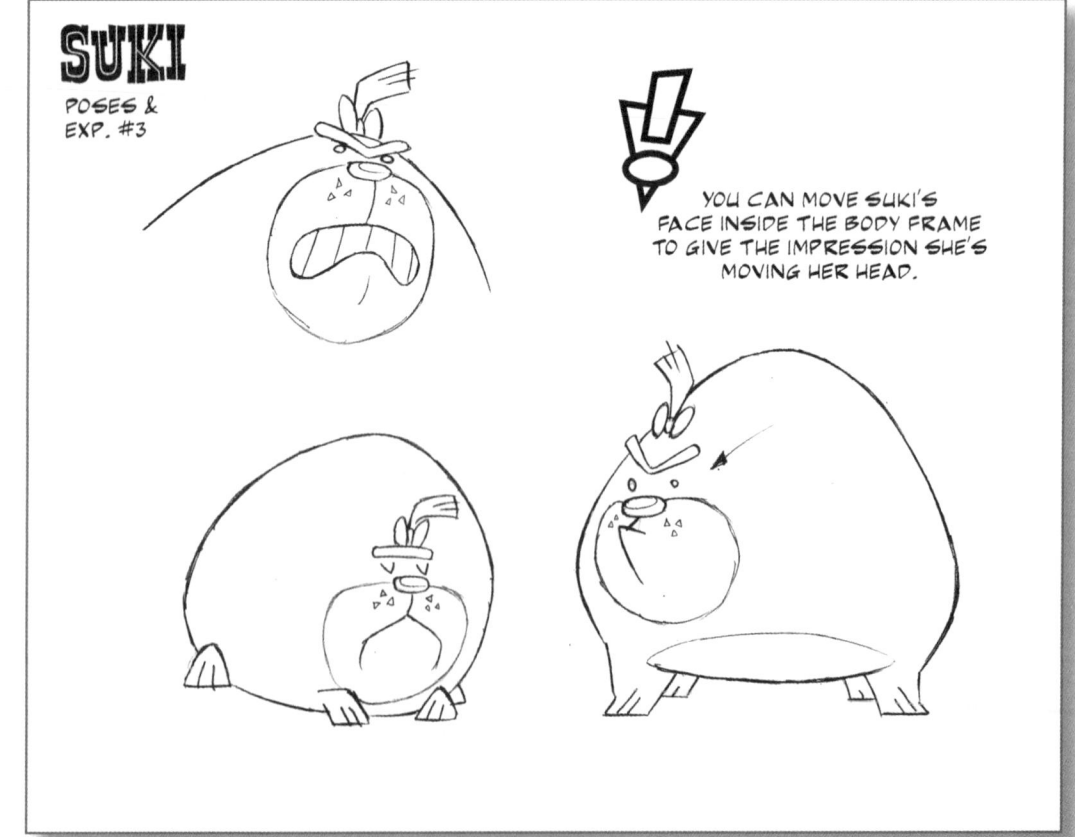

Estudos da personagem Suki do desenho animado *Escola pra cachorro*, 2009.

Invente seu personagem de animação

Desenhe seu personagem visto por diversos lados e vivendo diferentes emoções.

O nome dele vai ser: _____

- Agora imagine como seria a voz de seu personagem. Tente falar como ele falaria quando está alegre, bravo ou triste.

Refletindo mais

Cinematecas, gibitecas, fanzines

Existem lugares especializados em arquivar e estudar HQs e desenhos animados. As gibitecas reúnem os gibis, e as cinematecas, filmes, inclusive os de animação.

Você já visitou uma gibiteca? Algumas estão ligadas às bibliotecas públicas, elas emprestam HQs e reúnem os interessados no tema.

Biblioteca e gibiteca do Centro Cultural do SESI.

Gibiteca da biblioteca infantil e juvenil de Belo Horizonte.

Você pode fazer uma gibiteca na escola!

Colete HQs com sua turma e organize-as em um local acessível. Peça ajuda a um professor ou à bibliotecária da escola!

Os desenhos animados também podem ser organizados numa "dvdteca", classificados por país, por gênero ou ainda por estilo de desenho.

Fanzines são revistas produzidas de maneira caseira por fãs de HQs. Vários quadrinistas novos iniciam suas carreiras por meio dessa forma alternativa de divulgação de histórias em quadrinhos.

Capas de fanzines:
1. *Erro*. Autor: Rafael Adorján, Rio de Janeiro.
2. *Sonhar ltda*. número 1. Autor: Thiago de Moraes, São Paulo, 2004.
3. *Cultural*. Autor: Jotapê (João Paulo A. Dias), Mogi das Cruzes, 2004.

Um fanzine pode começar com um grupo de jovens que se reúne e decide fazer uma revista sobre algum tema de interesse comum. Todos participam de alguma maneira da criação das histórias e da organização da revista. Fotocopiam tudo, grampeiam e logo está pronto o fanzine, só falta colocar a revista em circulação!

Alguns fanzines também são divulgados em encontros especiais de criadores de fanzine ou pela internet.

Que tal criar um fanzine?

Reúna-se a um grupo de alunos interessados em organizar, planejar e montar seu próprio fanzine.

A escolha do tema, do estilo, dos conteúdos e do número de páginas do fanzine fica por conta de cada grupo!

UNIDADE 2

Artistas imigrantes

A artista Maria Helena Vieira da Silva, no dia de seu segundo aniversário, 1910.

A artista Lina Bo Bardi.

Frans Krajcberg ao lado de uma de suas obras.

Primeiros contatos

Muitos artistas nascidos em outros países se encantaram com o Brasil e decidiram viver e trabalhar aqui. Esses artistas imigrantes trouxeram consigo modos e formas de fazer arte que aprenderam em suas culturas.

Nesta unidade, você vai conhecer histórias muito interessantes de alguns desses artistas vindos de diversos lugares do mundo.

1. Na sua família existem imigrantes?
2. Qual ou quais são os países de origem deles?

O artista Lasar Segall (ao centro, com roupa clara) quando criança, junto de sua família em Vilna, 1896.

O artista Samson Flexor na adolescência, com os pais.

O artista Manabu Mabe quando criança (à esquerda da mãe), 1934.

- F. Krajcberg — POLÔNIA
- Lina Bo Bardi — ITÁLIA
- Lasar Segall — LITUÂNIA
- Samson Flexor — ROMÊNIA
- M. H. Vieira da Silva — PORTUGAL
- Manabu Mabe — JAPÃO
- BRASIL

Fonte: *Atlas geográfico escolar.* 3. ed. Rio de Janeiro: IBGE, 2006.

9 Lasar Segall: da Lituânia para o Brasil

O artista Lasar Segall, antes de viver no Brasil, morou na Lituânia e na Alemanha. Talvez por isso o tema da imigração apareça em muitas de suas obras.

Navio de emigrantes, 1939-1941. Lasar Segall.

- O que fazem as pessoas nesse barco?
- Elas parecem felizes em viajar?
- Qual será o motivo dessa viagem?
- Como são as cores dessa pintura?
- Como está a linha do horizonte?
- Como seria passar vários dias viajando num navio como esse?

Veja duas obras que mostram o trabalho de Lasar Segall antes e depois de vir morar no Brasil.

Interior de indigentes, 1920. Lasar Segall. Obra pintada na Alemanha.

Encontro, 1924. Lasar Segall. Obra pintada no Brasil.

Compare as duas obras acima e discuta com os colegas:

- Como a mudança de país transformou o modo de pintar de Segall?

Nas obras expressionistas vemos figuras distorcidas e deformadas, traços que expressam sentimentos, cores fortes ou, então, cores escuras com muito constraste.

O contato com a luz tropical do Brasil expandiu o uso das cores na pintura de Segall, como vimos em *Encontro*.

Observe nesta página imagens de obras criadas por outros artistas expressionistas.

- Você é capaz de notar alguma semelhança entre elas?

A boba, 1915-16. Anita Malfatti.

Discípulos dormentes, 1919. Karl Hofer.

Que tal desenhar ou pintar como um expressionista?

Experimente fazer seu desenho ou pintura com os recursos usados pelos expressionistas: exagere as formas, distorça as figuras e use cores fortes ou contrastantes!

10 Samson Flexor: da Romênia para o Brasil

Samson Flexor foi outro artista que viajou, viajou, viajou e se fixou no Brasil. Antes morou na Romênia, na Bélgica e na França.

A obra desse artista esteve fortemente associada a um movimento artístico: o abstracionismo geométrico. Como o nome indica, as obras desse movimento são **abstratas**, ou seja, nelas o artista não está preocupado em representar o mundo como o vemos, mas sim em criar um "mundo" na superfície da pintura: organizando cores e formas que por si já expressam muita coisa.

Geométrico, 1956. Samson Flexor.

Composição, s/d. Samson Flexor.

Segundo sua leitura, essas imagens criadas por Flexor:

- Parecem estáticas ou sugerem movimento?

_____

- Transmitem a você alguma sensação? Qual?

_____

_____

- Quais as principais diferenças entre as duas obras?

_____

_____

Você sabia?

O termo **arte abstrata** é utilizado para indicar obras que não representam objetos reconhecíveis.

O pintor e teórico da arte Vasily Kandinsky foi o primeiro artista a fazer uma pintura inteiramente abstrata. Para ele os artistas deveriam dedicar-se a pintar o mundo interior e os sentimentos.

Veja ao lado uma obra do artista.

Laranja, 1923. Vasily Kandinsky.

Como você imagina que poderia representar um sentimento, uma emoção através de uma pintura abstrata?

Você vai fazer um trabalho geométrico!

Você pode usar régua, esquadro, transferidor e compasso ou obter formas geométricas contornando objetos, como tampas de garrafa, cartões etc. Pense na composição das cores e em sua relação com as formas.

11 Lina Bo Bardi: da Itália para o Brasil

Vocês já viram o edifício abaixo em algum cartão-postal de São Paulo?

Esse edifício de concreto abriga o Museu de Arte de São Paulo (MASP), um dos museus de arte mais conhecidos da cidade de São Paulo. Ele tem um enorme vão livre de 74 metros entre os pilares vermelhos.

Foi projetado pela arquiteta Lina Bo Bardi: uma das artistas estrangeiras que veio para ficar no Brasil! Lina Bo Bardi nasceu em Roma em 5 de dezembro de 1914 e faleceu em São Paulo em março de 1992. Seu primeiro nome era Achillina, mas ficou conhecida apenas como Lina.

Vista aérea do MASP, 2008.

Vista lateral do MASP (ângulo 1), 2005.

Vista lateral do MASP (ângulo 2), 2002.

Vista do vão livre do MASP, 2007.

38

No mundo moderno muitos museus de arte apresentam uma arquitetura diferente e ousada e podem ser considerados como obras de arte.

Veja fotos de sedes de outros museus de arte:

Fachada do Museu Guggenheim, Nova York, Estados Unidos.

Fachada do Museu Guggenheim, em Bilbao, Espanha.

Vamos projetar um museu!

Imagine que o MASP abrirá uma nova sede na sua cidade e você é o arquiteto convidado a projetá-la. Desenhe a seguir a sua ideia, mostrando o projeto em diferentes ângulos.

Vista frontal

Vista lateral

Vista superior

12 A *designer* Lina Bo Bardi

Lina Bo Bardi também era *designer* de objetos: criou peças de mobiliário com ousadia e funcionalidade.

Veja o exemplo a seguir: você já sentou em uma cadeira de três pés sem cair?

Essa cadeira projetada por Lina Bo Bardi e mais dois arquitetos é muito leve e pode ser dobrada.

Cadeira Frei Egídio, 1986.
Lina Bo Bardi, Marcelo Ferraz e Marcelo Suzuki.

Leia o texto em voz alta com seus colegas:

"[...] Lina pesquisou intensamente a cultura popular brasileira e buscou nela inspiração para seu trabalho. Sua cadeira Tripé, de 1948, por exemplo, nasceu da rede, que considerava um dos mais perfeitos instrumentos de repouso, por sua aderência perfeita à forma do corpo. Na foto, a cadeira Frei Egídio, que projetou em conjunto com os arquitetos Marcelo Ferraz e Marcelo Suzuki. O desenho deriva da cadeira franciscana do século XV. A construção foi simplificada e reduziram-se os elementos estruturais a apenas três peças. Assim, a cadeira pesa apenas 4 kg; dobrável, tem fácil transporte e armazenamento."

Disponível em: <http://www.tecsi.fea.usp.br/eventos/contecsi2004/brasilemfoco/port/artecult/design/pioneiro/linabo/apresent.htm>. Acesso em: 10 mai. 2012.

Que tal bolar uma cadeira de três pés?

Crie uma maquete com papelão, fita crepe e sucatas.

Não se esqueça, a sua cadeira não pode cair!

Criação de "maquete" de cadeira com papelão e sucata.

13 Manabu Mabe: do Japão para o Brasil!

Manabu Mabe nasceu em 14 de setembro de 1924, na Província de Kumamoto, no Japão. Ele veio com a família para o Brasil trabalhar na lavoura de café no interior do Estado de São Paulo.

Na fazenda ele aproveitava os dias de chuva e os domingos (quando não trabalhava) para pintar.

Manabu Mabe, vigoroso e brilhante mestre das cores e do estilo abstrato, morreu em São Paulo, em outubro de 1997, aos 73 anos.

Em suas pinturas abstratas, é possível identificar gestos rápidos que lembram os gestos que são feitos para escrever ideogramas japoneses.

O ideograma japonês abaixo significa árvore. Experimente desenhar esse ideograma no espaço ao lado dele.

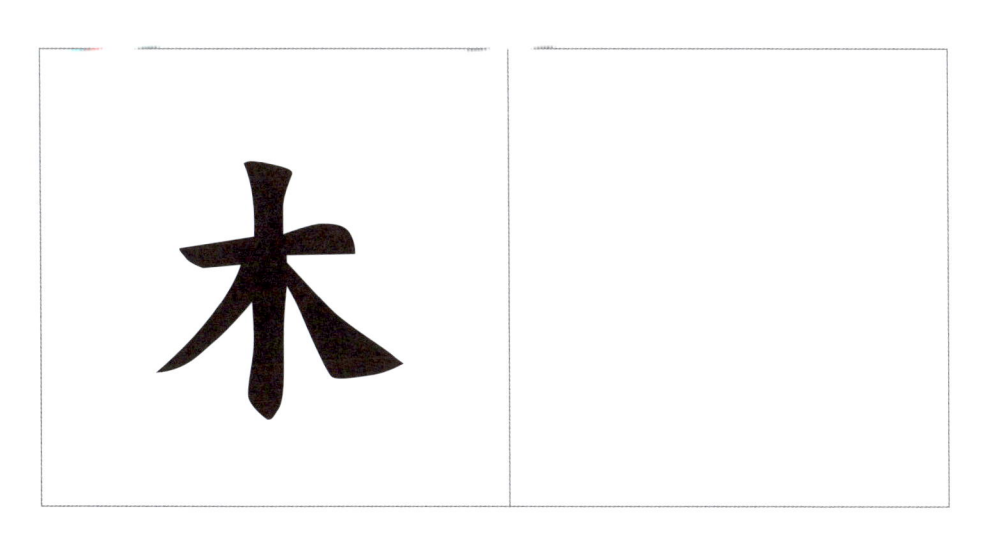

木

43

Observe imagens de duas obras de Manabu Mabe.

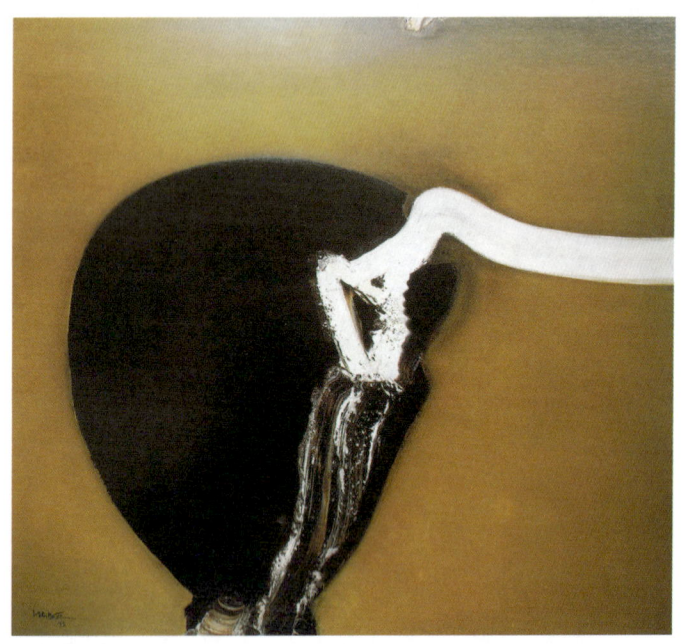

Outono tardio, 1973. Manabu Mabe.

Brincadeira da água, 1978. Manabu Mabe.

Agora responda às questões:

- Qual a diferença de uso das cores?

- Quais formas indicam os gestos do artista?

44

Vamos criar

Experimente fazer uma pintura abstrata com pinceladas rápidas. Você pode usar nanquim, guache ou aquarela.

14 Frans Krajcberg: da Polônia para o Brasil

Leia o texto e comente com seus colegas.

Imigrante judeu polonês, que viveu os horrores da Segunda Guerra Mundial, aqui se radicou para viver em paz sem se calar sobre injustiça e destruição.

Uma das séries de trabalhos mais conhecidas de Krajcberg são suas esculturas feitas com restos de árvores atingidas pelas queimadas nas florestas. Nelas o artista usa a madeira queimada com a intenção poética de denunciar a devastação do meio ambiente.

Em suas obras, usa pigmentos naturais da própria terra, retirados de minerais triturados, de folhas ou raízes. Krajcberg documenta seu trabalho em fotos.

Frans Krajcberg colhendo material próximo à sua residência. Nova Viçosa, Bahia, 1989.

Conjunto de esculturas da série *Cipós*. Frans Krajcberg.

Krajcberg hoje mora em um sítio no sul da Bahia, em Nova Viçosa, em uma casa construída no alto do tronco de uma árvore.

Imagem da casa de Frans Krajcberg. Nova Viçosa, Bahia.

- Vocês já viram alguma casa parecida com esta em algum lugar, em um filme ou em um desenho animado?

- Já subiram em uma árvore?

- Conhecem algum bicho que faz casa em árvore?

Leiam esta declaração de Krajcberg:

"[...] A minha preocupação é penetrar mais na natureza. Há artistas que se aproximam da máquina; eu quero a natureza, quero dominar a natureza. Criar com a natureza, assim como outros estão querendo criar com a mecânica. Não procuro a paisagem, mas o material. Não copio a natureza".

Disponível em: <http://www.pinturabrasileira.com.br/artistas_bio.asp?cod=112&in=1>.
Acesso em: 03 mai. 2012.

- Por que Krajcberg afirma que não copia a natureza?

15 Arte e meio ambiente

Frans Krajcberg fotografa e expõe a devastação causada pelas queimadas com a intenção de despertar nossa atenção para a necessidade de preservar a natureza.

Os trabalhos do artista são criados com o material que coleta após as queimadas. Revividos como arte, denunciam o abuso sofrido pelo meio ambiente.

O renascimento após a queimada também é tema das fotografias de Krajcberg. Suas denúncias são feitas com a esperança de mobilizar uma mudança de atitude que possibilite a preservação das florestas.

Trezentas mil pessoas visitaram a exposição *Imagens do fogo*, realizada por Krajcberg durante a Eco-92 – Conferência Mundial das Nações Unidas sobre Meio Ambiente e Desenvolvimento.

Obras de Frans Krajcberg na Oca, São Paulo, parte da exposição MAM 60 anos, 2008.

O artista generosamente doou muitas de suas obras a instituições culturais para que sejam expostas e estudadas em programas de educação ambiental.

Obras de Frans Krajcberg expostas no sítio do artista em Nova Viçosa, Bahia, 2011.

49

Flor do mangue, 1973. Frans Krajcberg.

Leia o texto a seguir, que trata da relação do trabalho de Krajcberg com o meio ambiente.

"Uma das propostas de Krajcberg é produzir mudanças na consciência e na ação humana, nas atitudes e nos valores individuais e coletivos, mudanças essas que provoquem uma nova forma de pensar para assegurar o equilíbrio da nossa morada, o planeta Terra. A questão ambiental não pode mais ser encarada como um problema local, de responsabilidade de apenas um segmento da sociedade. Ela transcende a ciência, a economia e a política e está relacionada à vida diária, aos valores morais e ao próprio futuro das gerações que estão por vir."

BORTOLOZZO, Silvia e VENTELLA, Roseli. *Frans Krajcberg*. São Paulo: Moderna, 2006. p. 52.

- Escreva um texto curto com seus comentários sobre a atitude poética, política e social do artista.

_____
_____
_____
_____

Vamos fazer colagem!

Reúna-se com mais quatro colegas para fazer um relevo a partir da colagem de elementos da natureza.

Para evitar danos ao meio ambiente, coletem apenas materiais já caídos no chão: folhas, flores, sementes, terra, galhos de árvores. A coleta pode ser individual. Reúnam o material na sala de aula.

51

16 Vieira da Silva: uma apátrida no Brasil

Leia com os colegas:

Vieira da Silva foi casada com Árpád Szenes, um artista judeu húngaro. Eles viviam em Portugal, mas devido à perseguição nazista ao povo judeu ela perdeu sua nacionalidade portuguesa. Assim, o casal ficou sem pátria: tornou-se apátrida. Viveram no Brasil durante a Segunda Guerra Mundial. Regressaram à França em 1947 e obtiveram nacionalidade francesa em 1956.

Observe ao lado a imagem de uma das obras que a artista criou no Brasil.

História trágico-marítima, 1944. Vieira da Silva.

"Lisboa, 1908, dia de Santo António, o padroeiro da cidade. O diplomata Marcos Vieira da Silva é pai pela primeira vez. Sua mulher, Maria da Graça, teve uma filha a quem é dado o nome de Maria Helena Vieira da Silva. Não terá a companhia do pai por muitos anos."

Disponível em: <http://www.vidaslusofonas.pt/vieira_da_silva.htm>.
Acesso em: 18 abr. 2012.

A foto ao lado, de Vieira da Silva, é do início do século XX.

- Ao olhar para a imagem como podemos saber que é de outra época? Escreva:

_____
_____
_____

Maria Helena Vieira da Silva, aos 2 anos, em 1910.

52

Vieira da Silva ilustrou um livro para crianças em 1933. Ela pintou com tinta guache a história que imaginou e depois o poeta Pierre Guéguen escreveu o texto.

O livro conta a história dos inuítes Kô e Kô, que se aventuram a conhecer o mundo à procura do sol. Em sua viagem eles encontram estranhas criaturas, como o cavalo-de-seis-patas e o veado-voador e terminam por ir ao céu!

Capa do livro *Kô e Kô, os dois esquimós*, ilustrado pela artista.

Ilustração do livro *Kô e Kô*, 1933. Vieira da Silva.

Observe nas imagens desta página um autorretrato de Vieira da Silva e uma foto da artista. Nelas você pode observar a diferença entre a pintura e a fotografia e a maneira como apresentam os traços característicos de seu rosto.

Vieira da Silva em sua casa de campo. Loiret, França, 1968.

Autorretrato, 1930. Vieira da Silva.

Vieira da Silva foi modelo para a própria pintura.

Discuta com os colegas:

- Será que ela fez a tela de memória?
- Olhou-se no espelho?
- Observou uma foto?

54

Você antigamente!

Olhe-se num espelho e faça um autorretrato para colar na moldura abaixo. Depois de colado, altere a imagem para parecer antiga, acrescentando elementos que façam parecer que você teria nascido no início do século XX, como Vieira da Silva.

Refletindo mais

Como é ser imigrante?

Converse com seus colegas sobre as questões:

- Como imaginam que seria mudar de país e viver num outro lugar para sempre?
- O que uma pessoa pode aprender com essa experiência?

Há algum imigrante em sua família? Se houver, converse com ele sobre essa experiência, pergunte:

- Com que idade veio para o Brasil? Por que viajou?
- Que coisas achou parecidas e que coisas achou diferentes ao comparar o Brasil e o seu país?
- Sente saudade do lugar onde nasceu? Já voltou para visitá-lo?
- Gostaria de voltar a morar nele?

Você vai escrever abaixo um texto sobre a experiência de mudar de país.

- Invente a história de um pintor ou de um artista que mudou seu modo de ver o mundo após mudar de país. Você pode inspirar-se nas histórias dos seis artistas imigrantes que conheceu nesta unidade.

Desenhar e imaginar!

Imagine que sua classe vai viajar para algum lugar distante.

- Que lugar será esse? Que meio de transporte usarão? Qual será o objetivo dessa viagem?

Faça seu desenho!

UNIDADE 3

Texto e imagem fazem arte

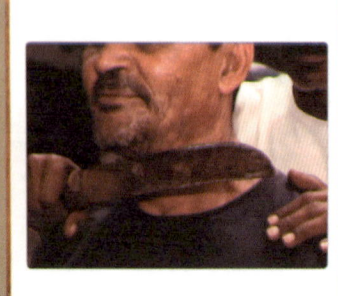

mel	excesso	faca	razão
atrasado	saque	brasil	colônia
tijolo	riqueza	faísca	perdido

Primeiros contatos

Muitos artistas escrevem nas obras apenas sua assinatura. Outros incorporam textos como parte importante do sentido da obra.

O artista brasileiro Jonathas de Andrade uniu fotografias e palavras para compor uma série de cartazes que foram expostos na 29ª Bienal Internacional de São Paulo.

Você já desenhou num texto ou escreveu em uma imagem?

ninho

pai

acesso

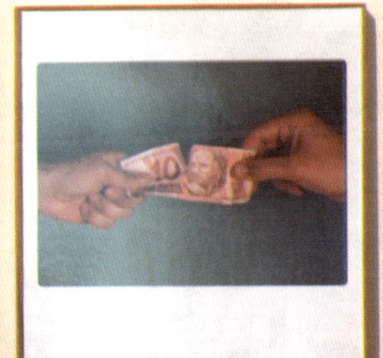

rasgar

enxada

concurso

Educação para adultos, 2010 (detalhe). Jonathas de Andrade.

17 Criar novos sentidos

Jonathas de Andrade herdou de sua mãe, professora, vinte cartazes elaborados de acordo com as propostas do educador brasileiro Paulo Freire.

Freire criou na década de 1960 uma proposta de alfabetização de adultos baseada na discussão do sentido de palavras relacionadas ao universo de cada grupo de alunos.

Uma mesma palavra pode ter vários sentidos para diferentes pessoas. Uma imagem também pode ser lida de diversas maneiras. Unidas, palavras e imagens podem ganhar novos significados.

Educação para adultos, 2010.
Jonathas de Andrade.

Jonathas de Andrade decidiu investigar a proposta educativa de Paulo Freire trabalhando junto a um grupo de lavadeiras analfabetas. No diálogo com elas, descobriu novos sentidos para as palavras e imagens dos cartazes antigos, além de registrar outras palavras e imagens significativas para o grupo. Assim, produziu a série de sessenta cartazes que expôs na 29ª Bienal de São Paulo.

Educação para adultos, 2010. Jonathas de Andrade.

Observe estas imagens de cartazes de Jonathas de Andrade.

- A imagem de cada cartaz corresponde às palavras?
- Vocês proporiam outra imagem para alguma dessas palavras?

Assim como em um cartaz, em que a relação entre imagem e texto forma novos sentidos, em uma canção letra e melodia se unem em um mesmo significado.

Cante com seus colegas a canção *Comida*, criada pelos Titãs na década de 1980.

Comida

Bebida é água.
Comida é pasto.
Você tem sede de quê?
Você tem fome de quê?

A gente não quer só comida,
A gente quer comida, diversão e arte.
A gente não quer só comida,
A gente quer saída para qualquer parte.

A gente não quer só comida,
A gente quer bebida, diversão, balé.
A gente não quer só comida,
A gente quer a vida como a vida quer.

Bebida é água.
Comida é pasto.
Você tem sede de quê?
Você tem fome de quê?

A gente não quer só comer,
A gente quer comer e quer fazer amor.
A gente não quer só comer,
A gente quer prazer pra aliviar a dor.

A gente não quer só dinheiro,
A gente quer dinheiro e felicidade.
A gente não quer só dinheiro,
A gente quer inteiro e não pela metade.

Marcelo Fromer, Arnaldo Antunes, Sérgio Britto.

Integrantes da banda Titãs posam para foto em São Paulo, 1986.

Crie seu cartaz

Escreva uma palavra que tenha um significado especial para você e faça um desenho que se relacione com ela.

18 Poesia visual

O artista brasileiro Rubens Gerchman criou na década de 1960 as obras que você pode ver abaixo. Nelas, a palavra **ar**, escrita num dos trabalhos em inglês (*air*) e no outro em português, é trabalhada como uma forma de poesia visual.

Leiam a definição de poesia visual dada pela artista brasileira Lenora de Barros:

"Poesia visual, para mim, é poder falar visualmente, transcender os limites da minha língua, das nossas línguas. Ver com a boca é falar com o olho".

Disponível em: <http://www.imediata.com/BVP/Lenora_de_Barros/entrportalva.html>.
Acesso em: 07 mai. 2012.

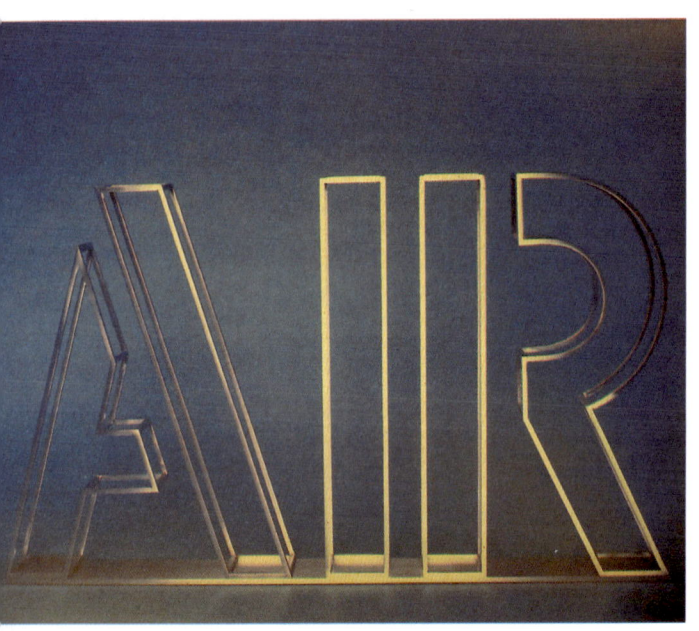

Air, 1970. Rubens Gerchman.

Ar, 1970. Rubens Gerchman.

Vamos fazer escultura com palavras!

Reúna-se com três colegas e escolham a(s) palavra(s) com que vão trabalhar, conversando sobre o sentido que ela(s) tem(têm) para cada um e como vão fazer a escultura.

Vocês podem usar papelão, tubos de rolo de papel higiênico, copos plásticos e outros tipos de sucata.

Depois montem uma pequena exposição na sala de aula para que todos possam apreciar os trabalhos.

19 Arnaldo Antunes

Arnaldo Antunes, além de artista visual, é músico, compositor e cantor. Nasceu em São Paulo em 1960.

Ele também é poeta e faz **performances**. Enquanto canta nos seus *shows*, podemos perceber como valoriza a atuação corporal. O canto e sua movimentação formam uma só expressão.

Arnaldo Antunes no *show Cabeça Dinossauro*, 1986.

Arnaldo Antunes no *show Iê Iê Iê*, 2009.

Pelo modo de colocar as palavras no papel, muitos de seus trabalhos são considerados poesia visual. Ele organiza as palavras como desenhos, comunicando ideias, sensações e sentidos ao leitor.

Você sabia?

Performance é uma forma de arte que combina elementos do teatro, da música e das artes visuais.

Instante 1, 2003. Série Caligrafia. Arnaldo Antunes.

Nesse trabalho, classificado como caligrafia, Arnaldo Antunes ao mesmo tempo escreve e desenha com as letras.

Ele usa várias cores para traçar letras de diversos tamanhos, dispostas de uma maneira diferente da habitualmente usada na escrita.

Em uma poesia visual, o modo como as palavras são escritas é tão importante quanto seu significado.

Ver e ler se completam na ideia do artista.

Localizem na poesia de Arnaldo Antunes algumas palavras e escrevam-nas abaixo.

Vamos caligrafar!

Você vai fazer uma poesia visual escrita à mão, uma "caligrafia" com cores. Escolha as cores e as palavras que vai escrever.

20 A conversa

O artista paulistano Roberto Aguilar usa a palavra escrita como um elemento que participa de sua pintura da mesma maneira que as formas e cores.

A conversa, 1974. José Roberto Aguilar.

- Quem são os personagens retratados?
- Onde estão?
- O que estão fazendo?
- O que será que estão conversando?

70

Faça seus personagens!

Na pintura *A conversa* parece que as falas dos personagens ocupam todo o quadro, misturando-se aos seus corpos.

Invente aqui os seus próprios personagens e misture-os às palavras que quiser, preenchendo todo o espaço!

21 Fazendo arte com texto

Laura Vinci é uma artista contemporânea que mora na cidade de São Paulo.

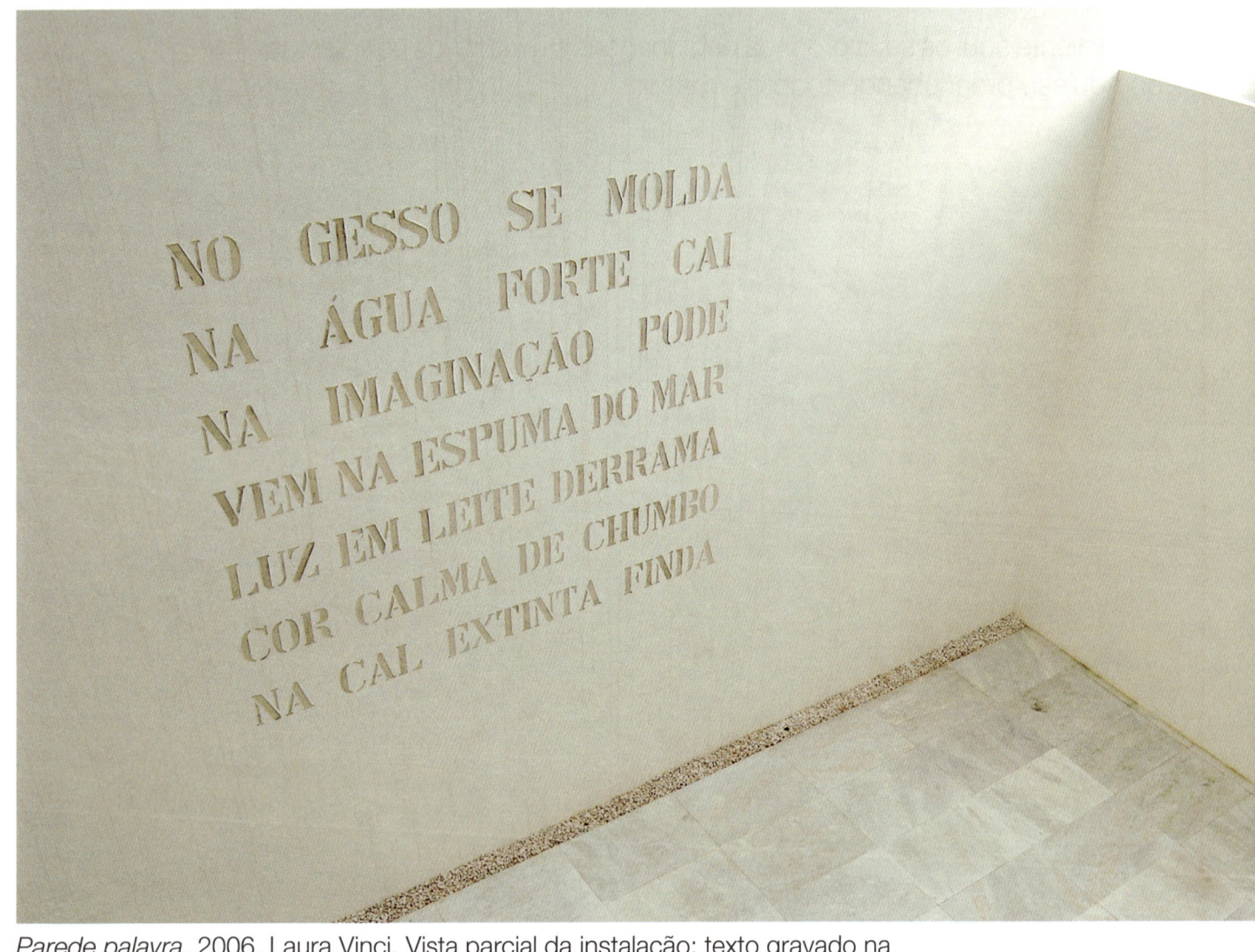

Parede palavra, 2006. Laura Vinci. Vista parcial da instalação: texto gravado na parede, água e mármore.

> NO GESSO SE MOLDA
> NA ÁGUA FORTE CAI
> NA IMAGINAÇÃO PODE
> VIEM NA ESPUMA DO MAR
> LUZ EM LEITE DERRAMA
> COR CALMA DE CHUMBO
> NA CAL EXTINTA FINDA

Esse tipo de trabalho se chama **instalação**. A artista faz uma obra em um espaço e as pessoas podem entrar nele para experienciá-la. A instalação de Laura Vinci foi feita especialmente para essa exposição.

Você sabia?

Instalação é um termo que entrou em voga na década de 1970, designando trabalhos e ambientes construídos em galerias ou museus, para uma exposição específica.

Laura também faz instalações nas quais escreve com gelo.

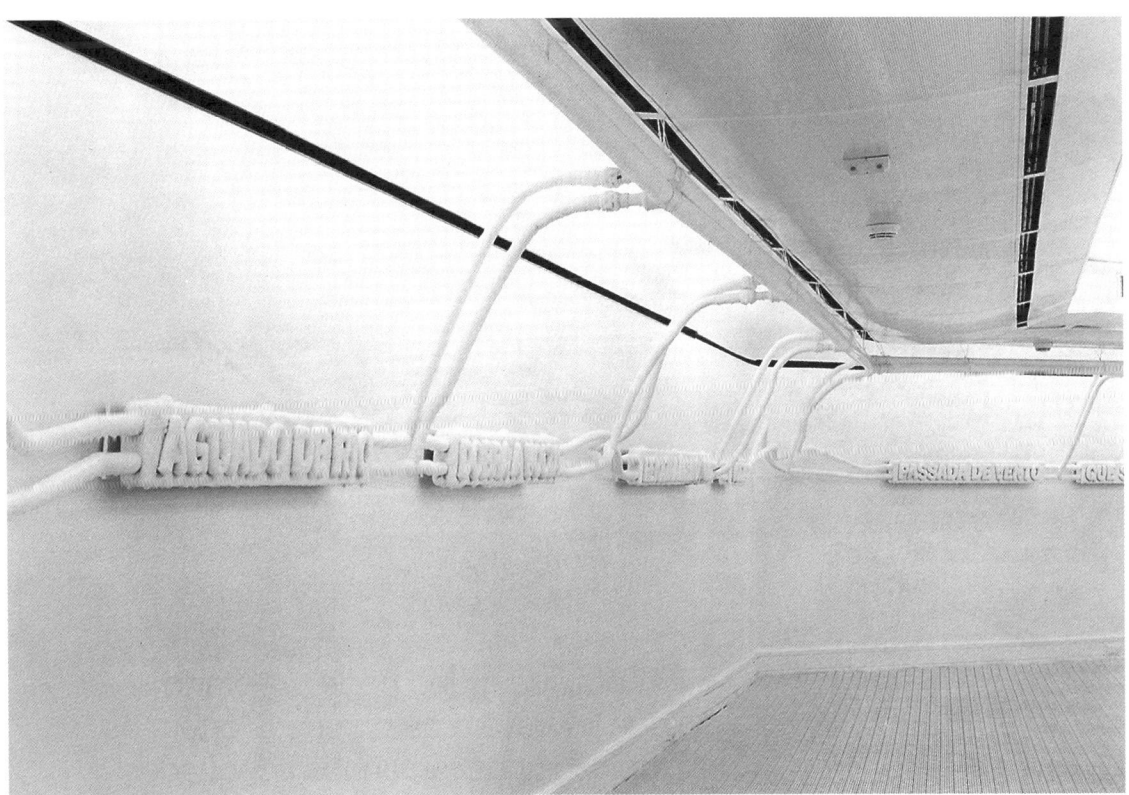

Estados, 2002. Laura Vinci. Vistas parciais da instalação: caixas metálicas, tubos de cobre, sistema de refrigeração, gelo e piso plástico.

Vamos escrever em relevo numa parede?

Reúna-se com cinco colegas e façam muitos rolinhos de folhas de jornal. Sigam as instruções abaixo.

Peguem uma folha de jornal.

Enrolem-na com ajuda de um palito comprido na direção diagonal, fazendo um tubo fino e bem apertado.

Prendam as pontas e o meio do tubo com fita adesiva ou fita crepe.

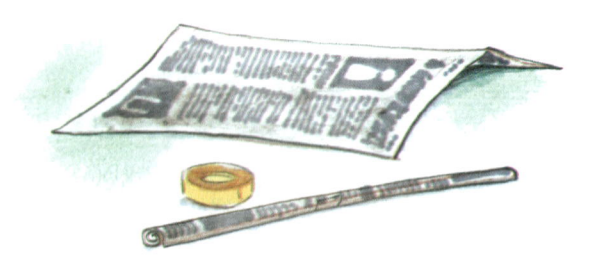

Agora seu grupo pode projetar o que escreverá na parede. Cortem os tubinhos nos tamanhos adequados para formar as letras e as palavras.

Pronto, só falta colar na parede. Pequenos anéis de fita crepe podem ser usados para isso.

- Que tal ler o que todos os grupos escreveram?

22 Escrever e desenhar

A artista Mira Schendel nasceu na Suíça e imigrou para o Brasil em 1949. Em 1964 começou a criar uma série de **monotipias** em papel de arroz, como a que vemos ao lado.

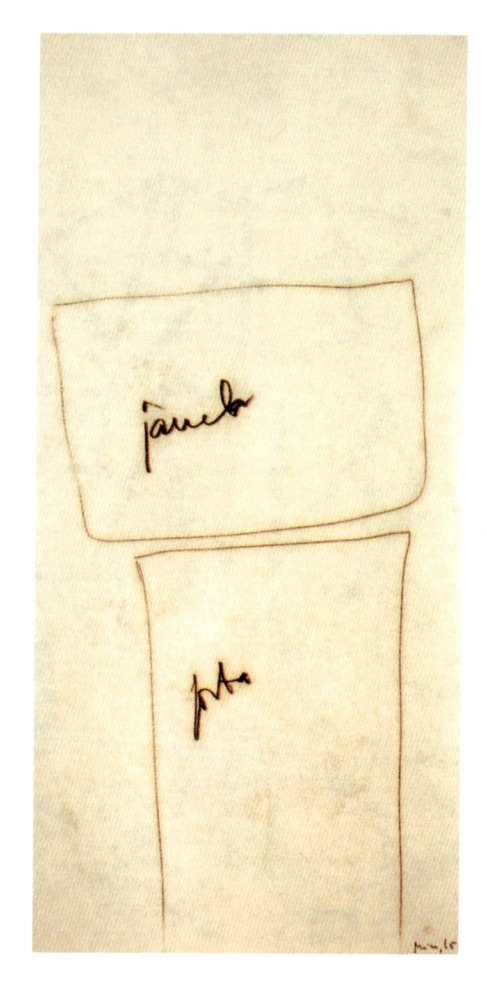

Sem título, 1965.
Mira Schendel.

Nessa obra, as palavras **janela** e **porta** estão dentro de contornos retangulares. Ao mesmo tempo que nomeiam essas duas formas, as palavras podem ser lidas como etiquetas que situam o lugar de cada elemento.

- Escreva o que pensou sobre o trabalho de Mira.

_____

_____

_____

Você sabia?

Monotipias são desenhos feitos pressionando pelo lado de trás uma folha de papel sobre uma superfície entintada. O desenho aparece invertido ao retirar o papel.

Vamos fazer monotipias!

Você já desenhou com papel-carbono?

Pegue uma folha de papel-carbono e coloque sobre o espaço a seguir, com o lado entintado voltado para baixo.

Desenhe atrás dela e observe o resultado.

23 Livro de artista

Livros de artista são obras feitas em formato de livro, combinando textos e imagens das mais diversas maneiras.

Existem livros de artista muito curiosos: manuais para anjos, códigos e imagens secretas e até instruções para se transformar em seres imaginários…

Repare como é interessante o livro *Ponto a ponto*, da artista Anna Maria Maiolino.

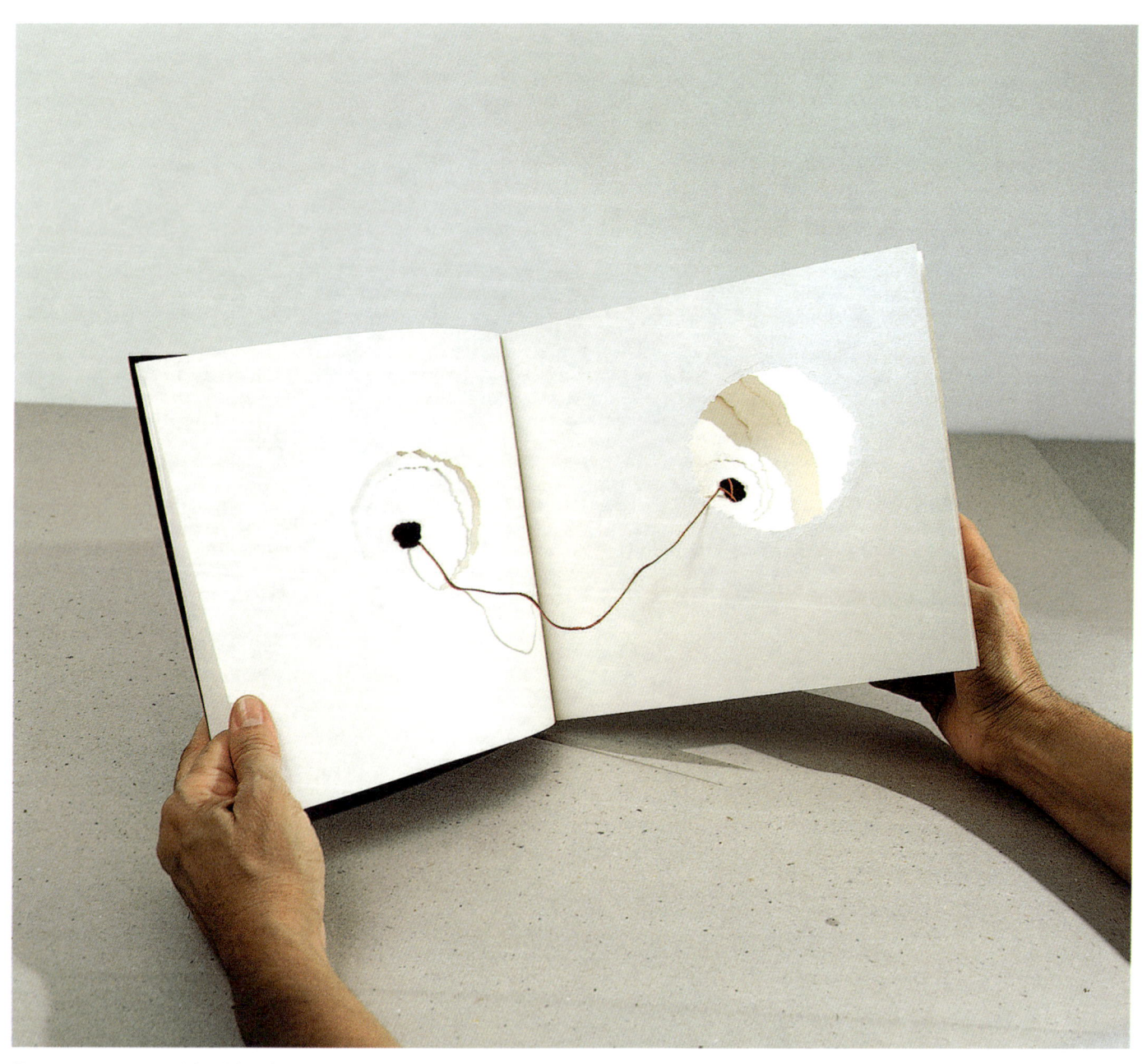

Ponto a ponto, 1976/1989.
Ana Maria Maiolino.

O livro *Clandestino* foi criado em parceria pelos artistas brasileiros Francisco Maringelli e Cláudio Caropreso. Observe a seguir as imagens de Maringelli para suas páginas iniciais.

Capa

Clandestino, 2006.
Francisco Maringelli.

Introdução

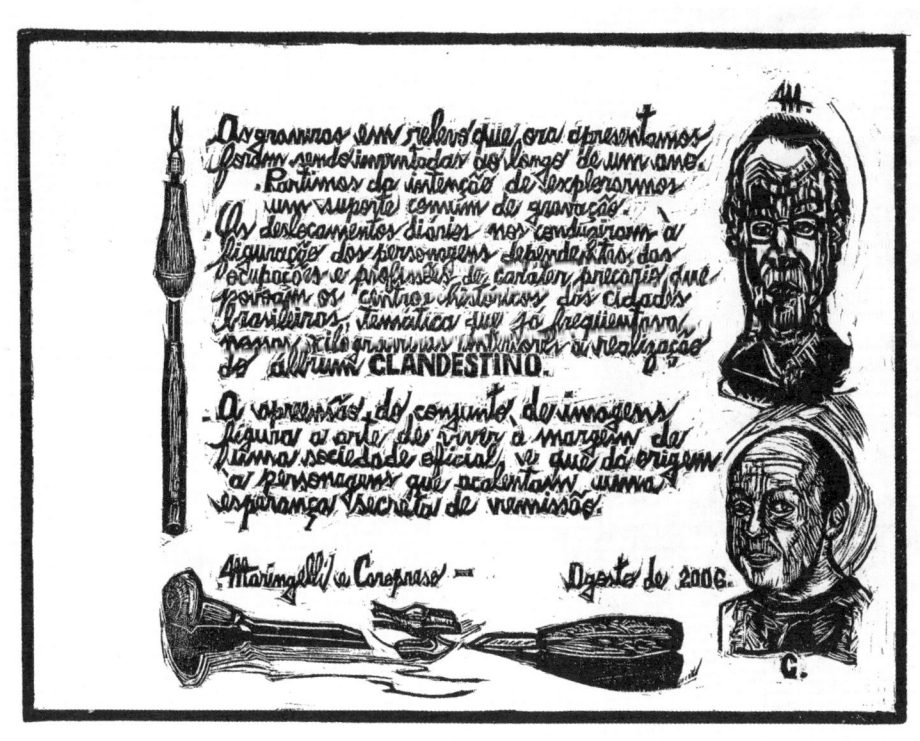

Sem título, 2006
(do álbum *Clandestino*).
Francisco Maringelli.

Escreva uma frase relacionada a cada página.

Sem título, 2006 (do álbum *Clandestino*). Francisco Maringelli.

_____

_____

Sem título, 2006 (do álbum *Clandestino*). Francisco Maringelli.

_____

_____

Sem título, 2006
(do álbum *Clandestino*).
Francisco Maringelli.

Invente a página final!

Use caneta ou lápis preto.

24 Receita de obra de arte

A artista na foto ao lado chama-se Regina Silveira.

Em 1978, Regina decidiu criar uma obra com palavras: inventou uma receita de pudim impossível de ser realizada para distribuir no metrô de São Paulo.

Esse seu trabalho mostra como às vezes a arte pode ser feita a partir de uma ideia, de um conceito, ou apenas de palavras.

Leia a receita criada por Regina. Repare nos ingredientes e no modo de preparo.

Pudim Arte Brasileira

2 xícaras de olhar retrospectivo
3 xícaras de ideologia
1 colher, de sopa, de École de Paris
1 lata de definição temática, gelada e sem soro
i pitada de exacerbação da cor
i indio, pequeno, ralado

Com o olhar retrospectivo e a ideologia prepare uma calda e quando grossa junte-lhe a École de Paris, sem mexer. Deixe amornar, bata um pouco a definição temática, junte os demais ingredientes e leve ao fogo em banho-maria em forma acaramelada.

Cobertura para Pudim Arte Brasileira

Misture 1 1/2 xícara de função social com 5 colheres, de sopa, de vitalidade formal e leve ao fogo até dourar; retire do fogo, junte mais duas colheres, de sopa, de jogada mercadológica e sacuda um pouco a frigideira para misturar tudo bem; não se deve mexer com a colher. Deixe esfriar, cubra o pudim e sirva gelado.

Regina Silveira 77

Crie sua receita impossível!

Receita de bolo de jovem brasileiro

Refletindo mais

Faça uma colagem misturando palavras e imagens

Escolha um tema. Recorte palavras e imagens coletadas em jornais, revistas ou na internet. Elabore a composição combinando imagens e textos.

UNIDADE 4

Arte para todos

Carne, ônibus-obra, 2006. Carmela Gross.

Carne, projeto do ônibus-obra, 2006. Carmela Gross.

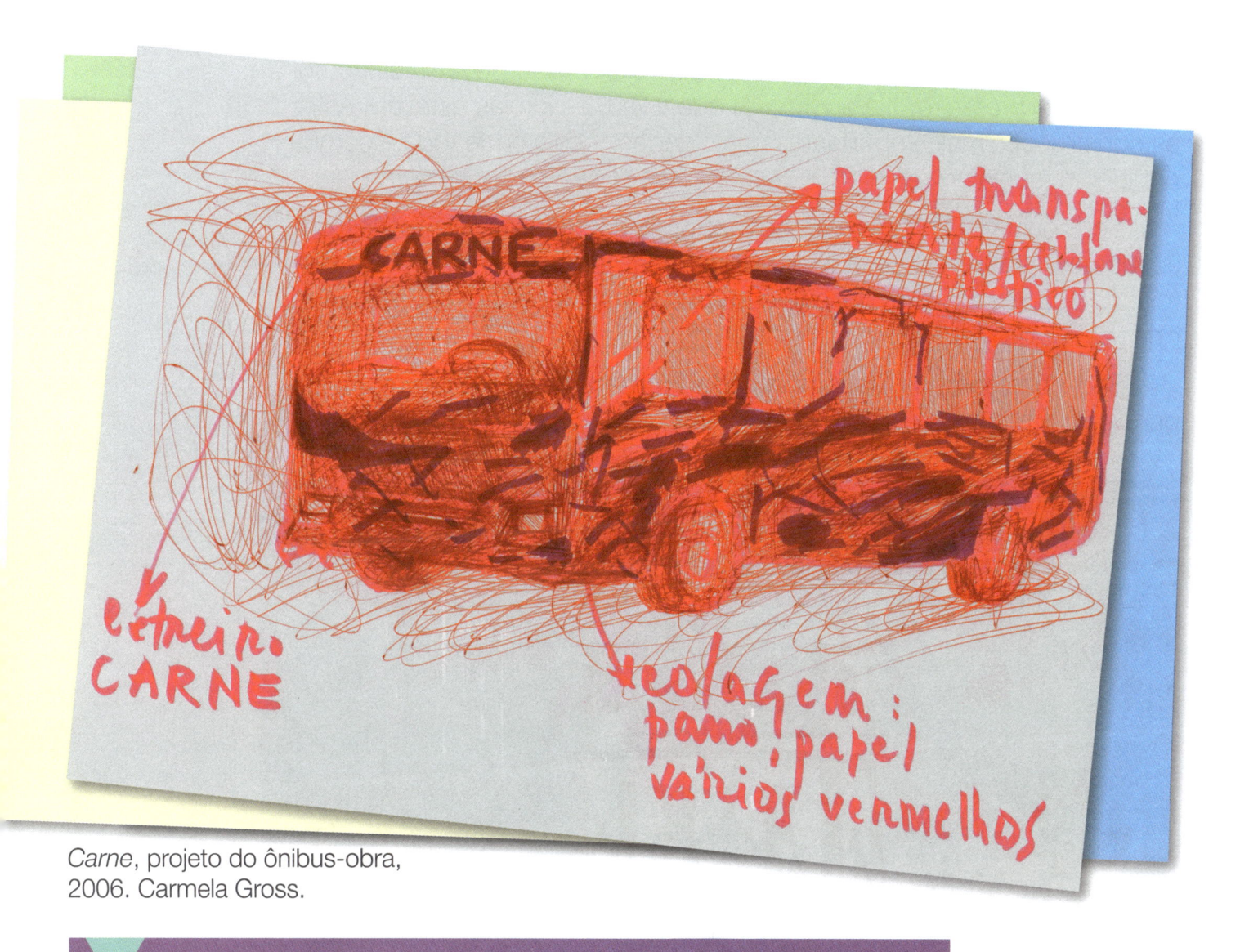

Primeiros contatos

Este trabalho é diferente das obras de arte que você já conhece: foi feito em um ônibus.

Ele percorre a cidade para as pessoas entrarem nele e conhecerem arte. A ideia foi pensada por arte-educadores da Universidade de São Paulo que desejavam levar trabalhos de artistas a diferentes escolas.

Para isso, convidaram a artista brasileira Carmela Gross, que decidiu criar o ônibus *Carne*. Antes de trabalhar no ônibus de verdade, ela desenhou e anotou suas ideias e fez o projeto que você pode ver aqui.

Quem entra nesse ônibus vê o mundo do lado de fora todo vermelho!

25 A cidade e as esculturas de Aleijadinho

Antônio Francisco Lisboa, conhecido pelo apelido de Aleijadinho, foi um escultor brasileiro. Na época em que viveu, as igrejas estavam entre as construções mais importantes das cidades, locais onde toda a comunidade se reunia.

Seu conjunto de obras mais conhecido encontra-se no Santuário Bom Jesus de Matosinhos, situado em Congonhas do Campo, em Minas Gerais. As esculturas ficam do lado de fora da igreja e podem ser avistadas de toda a cidade.

São consideradas **Patrimônio da Humanidade** e estão entre as principais atrações turísticas da região.

Conjunto de obras de Aleijadinho, no santuário Bom Jesus de Matosinhos, em Congonhas do Campo, Minas Gerais.

Você sabia?

Patrimônio da Humanidade é um título conferido pela Organização das Nações Unidas para a Cultura Ciência e Educação (UNESCO) a locais ou manifestações culturais muito importantes para todos os povos do mundo, heranças que precisam ser preservadas. Essa classificação contribui para garantir a atenção e os recursos necessários à sua conservação.

Observem a imagem das esculturas de Aleijadinho. Escolham uma delas e procurem ficar um pouco na mesma posição.

Agora, vamos conversar a respeito delas:

- As figuras parecem estar paradas ou em movimento?
- Como são suas roupas?
- Vocês conhecem as pessoas que elas representam?
- Na igreja, elas estão próximas ou distantes umas das outras?
- Por que será que as obras foram colocadas na entrada de uma igreja?
- Qual a vantagem de estarem na parte mais alta da cidade?
- Dariam outra impressão se estivessem dentro de um museu?

Profeta Baruc, 1800-1805. Aleijadinho.

Profeta Joel, 1800-1805. Aleijadinho.

Profeta Habacuc, 1800-1805. Aleijadinho.

Profeta Ezequiel, 1800-1805. Aleijadinho.

Profeta Abdias, 1800-1805. Aleijadinho.

Profeta Oseias, 1800-1805. Aleijadinho.

26 Estátuas vivas

Hoje é comum encontrar, nas grandes cidades, artistas de rua que se fazem de estátuas vivas.

Alguns deles imitam celebridades ou seres mitológicos como faunos, bruxas e fadas.

Quando alguém oferece uma moeda, cada estátua viva agradece de uma forma diferente, reagindo lentamente e depois retornando a uma postura parada.

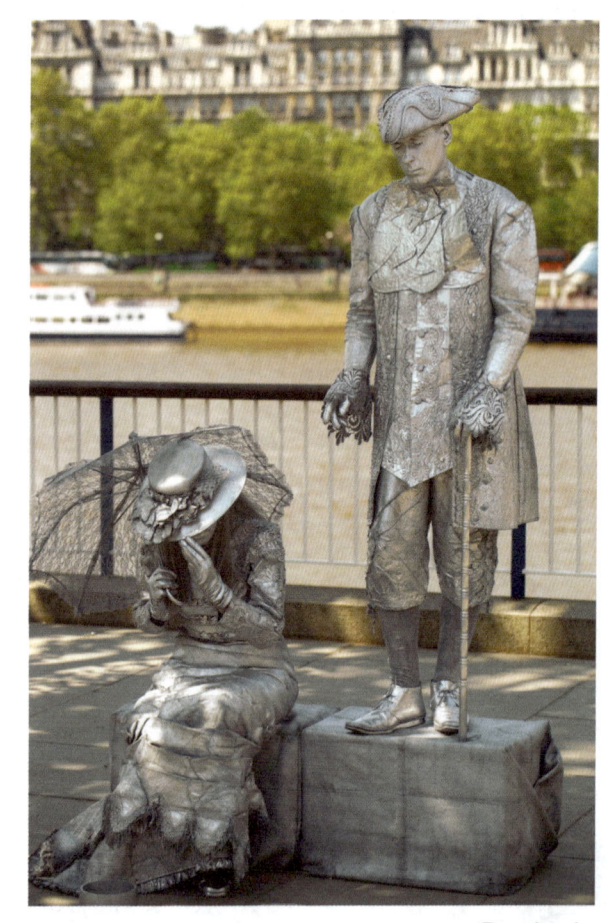

- Vocês já viram pessoalmente uma estátua viva?
- Onde?
- Como foi o encontro?

Dupla de estátuas vivas em Londres, Inglaterra.

Estátua viva, em Cork, Irlanda.

Vamos montar um "museu de estátuas vivas"!

Vocês vão se exibir juntos como estátuas vivas. Primeiro metade da classe se expõe e os demais são público, depois invertem.

O público irá depositar uma moedinha para cada estátua, que vai então se mover lentamente agradecendo...

A seguir, algumas dicas para você compor a sua própria estátua viva:

- Escolha uma fantasia que cubra boa parte do corpo. Melhor esconder o cabelo com uma faixa, um lenço ou um chapéu.

- Acessórios como bengala, guarda-chuva ou vassoura podem ajudar a caracterizar melhor seu personagem.

- É importante escolher uma posição em que consiga ficar parado por algum tempo sem se cansar.

27 Orozco: um muralista mexicano

José Clemente Orozco foi um dos pintores que participaram do movimento artístico chamado Muralismo Mexicano.

Esse movimento começou em 1921, com a eleição de Álvaro Obregón para presidente do México. Ele iniciou um programa de incentivo e apoio a artistas que pintassem murais com temas ligados à identidade política e social do povo mexicano.

Orozco pintou o painel abaixo por encomenda do Museu de Arte Moderna de Nova York (MoMA), muitas vezes trabalhando em frente ao público. Ele planejou os seis painéis de modo que pudessem ser posicionados em qualquer ordem.

Bombardeiro de mergulho e tanque, 1940. José Clemente Orozco.

- Quais figuras você reconhece nessa obra?
- Quantas pessoas aparecem nela?
- Qual o tema desse trabalho?

Você gosta mais da obra assim ou da maneira que aparece na página ao lado?

- Escreva um breve texto comentando o que achou da obra.

_____
_____
_____
_____
_____
_____

- Troque o seu texto com o de um colega e leia o que ele escreveu.

Pesquise

Pesquise o trabalho de outros artistas do Muralismo Mexicano, como Diego Rivera e David Alfaro Siqueiros.

28 A arte e as questões sociais

Entre os temas das obras dos muralistas mexicanos destacam-se as questões sociais, a miséria e a fome. São temas que aparecem nos murais e também nas gravuras desses artistas.

Como as gravuras permitem criar um grande número de cópias da mesma imagem, elas foram adotadas pelos muralistas como um meio para suas obras alcançarem muitas pessoas.

Observem a imagem da gravura de Orozco, *As massas*.

As massas, 1935. José Clemente Orozco.

Responda com seus colegas:

- Vocês já viram um grupo tão grande de pessoas se manifestando?
- Vocês já viram alguém se manifestando sozinho?
- Por que será que Orozco desenhou todos tão parecidos?
- As pessoas da frente foram desenhadas de modo diferente das do fundo?
- Como seria estar no meio de um grupo como esse?

Vamos criar um mural!

Reúna-se com quatro colegas para fazer um mural na sua escola.

- Vocês trabalharão em grandes folhas de papel.
- O mural será feito em três painéis que possam ser montados em ordem aleatória.
- Escolham um tema ligado a questões importantes para vocês.
- Façam alguns desenhos para estudarem suas ideias.

29 Grafite

Escrever nos muros e espaços das cidades é algo bem antigo e pode ter diversas intenções: desde uma propaganda até uma forma de protesto político.

A palavra grafite é usada desde a década de 1970 para nomear palavras e desenhos mais elaborados, que começaram a tomar paredes e muros nas ruas das grandes cidades.

Os grafiteiros utilizam diversos materiais para criar seus trabalhos, o preferido é tinta em *spray*. Outros recursos comuns são: o pincel, o carvão e o giz.

Grafites na Avenida 23 de Maio, em São Paulo, feitos em 2002 por diversos artistas: osgemeos, Nunca, Nina, Vitché e Herbert Baglione.

Os grafites no espaço urbano despertam várias discussões. Há quem os considere uma forma de vandalismo, outros os apreciam como uma maneira contestadora de levar arte às pessoas que habitam a cidade.

Atualmente trabalhos de grafiteiros são mostrados também em museus e galerias. Há cidades que promovem eventos convidando esses artistas e até mesmo estabelecimentos comerciais que os contratam para pintar suas fachadas.

O artista americano Keith Haring começou a fazer seus trabalhos em espaços públicos grafitando no metrô de Nova York na primeira metade da década de 1980.

Sem título, 1982. Keith Haring.

Keith Haring grafitando no metrô de Nova York, 1985.

Keith Haring trabalhando em Barcelona, Espanha, 1989.

Sem título, 1982. Keith Haring.

A artista húngara Edina Tokodi resolveu fazer grafite com um material bem diferente: em lugar de tinta ela usa musgo!

Seu trabalho pode ser chamado de Eco Arte ou de Bio Arte e é um exemplo de como um artista pode integrar sua técnica, o modo de criar sua obra, a seu tema.

Grafite com musgo (Bio Arte), de Edina Tokodi.

Os grafiteiros paulistanos Leonardo Delafuente (D lafuen T) e Anderson Augusto (SÃO) criaram o Projeto 6emeia.

Eles escolheram o chão para criar seus trabalhos, convidando quem passa pelas ruas a olhar para baixo. Observe as imagens de algumas obras feitas no chão, ao redor de bueiros.

Imagens de grafites do Projeto 6emeia, dos artistas Leonardo Delafuente e Anderson Augusto.

- Quais deles vocês acharam mais interessantes?
- Vocês têm alguma ideia diferente para pintar no chão das ruas?

Que tal fazer um grafite?

Faça aqui o seu grafite.

30 Colando *stickers* pela cidade

Você já decorou alguma pasta ou caderno com adesivos?

Já pensou como seria enfeitar as ruas da cidade com adesivos desenhados por você?

Nas grandes cidades, muitos jovens criam adesivos (*stickers*) e pôsteres para espalhar pelas ruas. Eles são adeptos da arte urbana (*street-art*). Os temas que escolhem são os mais variados possíveis.

Observem as imagens do grupo Arac e comentem:

- Quais os temas desses adesivos?
- Onde foram colados?
- Vocês encontraram algum repetido?
- Algum deles foi colado em cima de outro?

Imagens de adesivos criados pelo grupo Arac.

100

Observe essas imagens de adesivos do grupo Arac, primeiro com seu livro na posição normal, depois virado de ponta-cabeça.

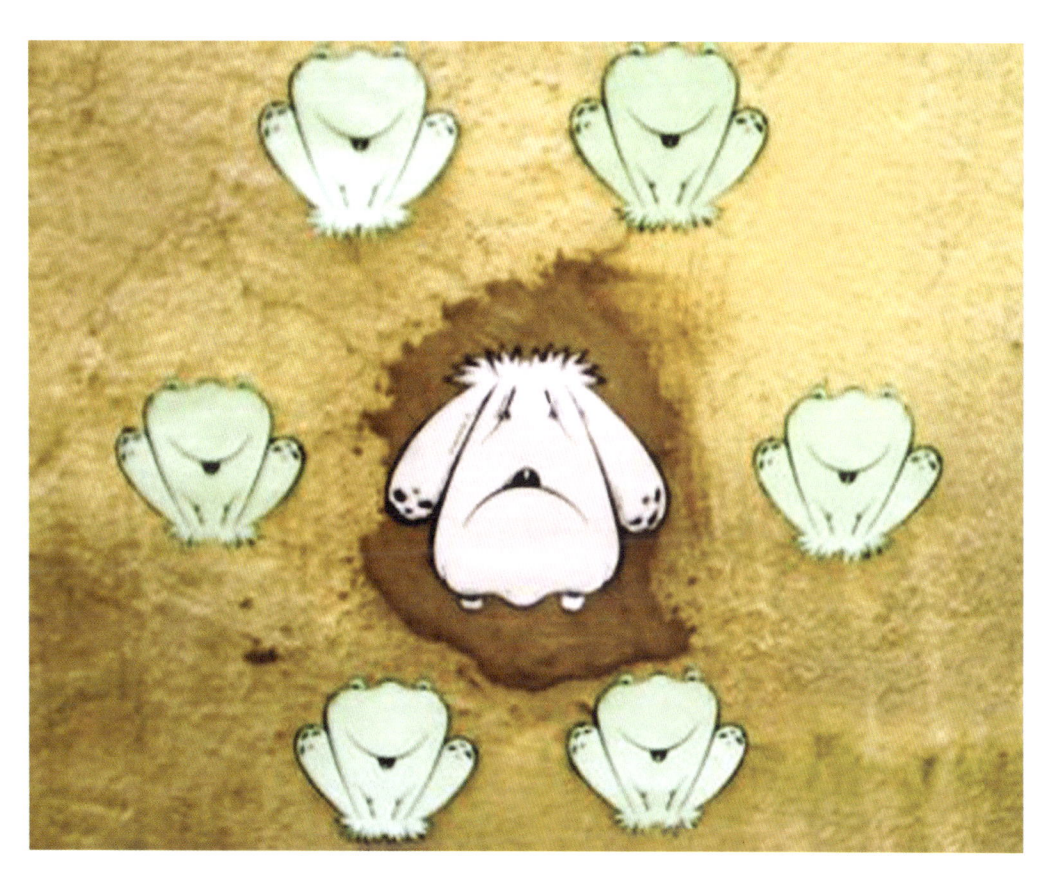

Imagens de adesivos criados pelo grupo Arac.

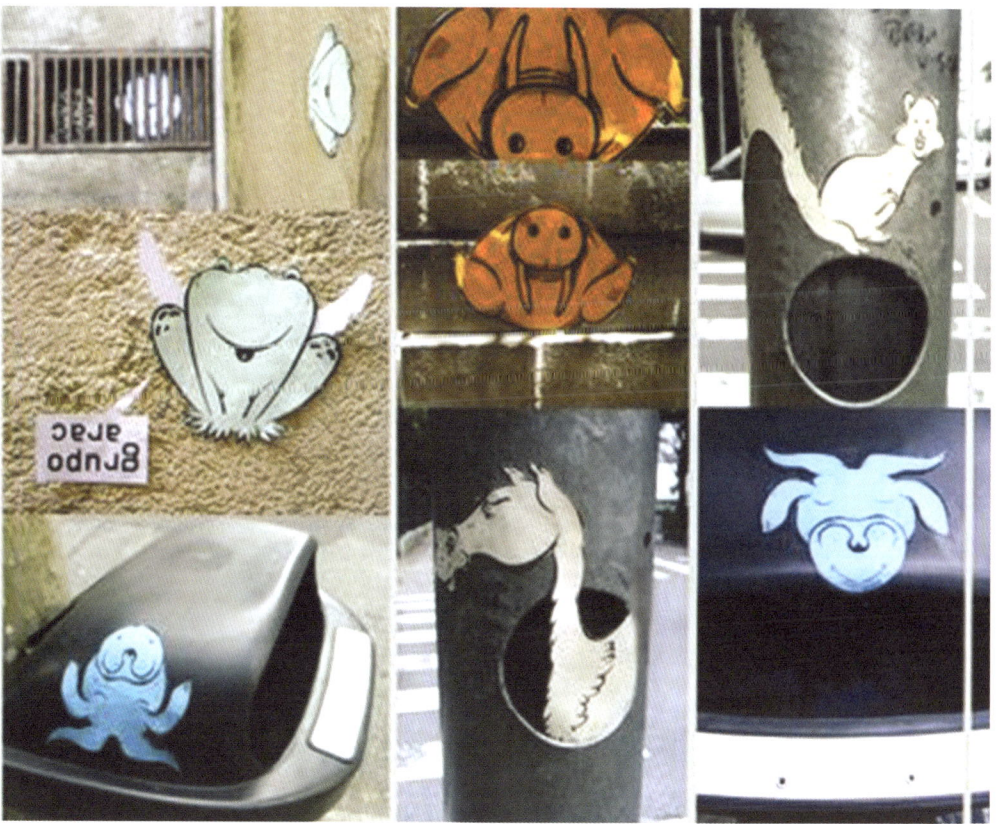

101

Crie seus próprios adesivos!

Nas páginas 118 e 119 há folhas de papel autocolante para destacar e criar seus adesivos. Você pode desenhar, cortar e depois colá-los no espaço a seguir.

31 Performances e Happenings

Performance é um trabalho que o artista realiza misturando as linguagens de teatro, artes visuais e música. O *happening* é um tipo de *performance* que conta com a participação do público.

O artista norte-americano John Cage criou essa forma de fazer arte. No primeiro evento, em 1952, ele apresentou a proposta chamada 4'33" (lê-se quatro minutos e trinta e três segundos): nela, um músico se apresentava ao público com seu instrumento e permanecia em silêncio por quase cinco minutos!

John Cage.

Em 2006 a artista brasileira Lucia Koch doou ao Museu de Arte Moderna Aloisio Magalhães (Mamam), em Recife, uma instalação que batizou de *Clube Internacional do Recife*. O museu fica num prédio histórico do século XIX, em que já funcionou um clube onde aconteciam bailes.

A artista instalou na claraboia do museu luzes que acendem e apagam de acordo com uma programação digital. As 14 séries de efeitos piscam em silêncio, mas no dia da abertura Lucia Koch convidou amigos DJs para fazer o público dançar. Ela registrou tudo em vídeos que podem ser vistos pela internet.

Lucia Koch, na *performance Clube Internacional do Recife*, no Mamam de Recife. 2006.

Observem o trabalho dela e respondam.

- O que chama mais a sua atenção?
- Que sensação o trabalho sugere a vocês?
- Como seria participar de uma obra como essa?

Vamos fazer um *happening*!

Vocês vão planejar um *happening* em sua sala de aula.

- Pensem num tema relacionado ao espaço de sua escola e escrevam sua ideia.
- Decidam como transformar o espaço escolhido.
- Será preciso se vestir de modo diferente?
- Que músicas vocês vão escolher para tocar no *happening*?

32 Flash mobs

Hoje vários grupos organizam *flash mobs*, mobilizações rápidas de um grande número de pessoas, com caráter lúdico ou de protesto. Quem participa costuma combinar as ações anteriormente pela internet ou celular. Por exemplo, a organização ambientalista Greenpeace realiza mobilizações que costumam ser exibidas pelas redes de televisão e na internet.

As *flash mobs* geralmente acontecem nas cidades com a intenção de provocar uma reflexão ou crítica sobre questões sociais da atualidade.

As imagens abaixo registram *flash mobs* realizadas em cidades da China, da Inglaterra e do Brasil. Elas integraram uma mobilização mundial, realizada anualmente no mesmo dia, com a proposta de promover gigantescas guerras de travesseiros!

Flash Mobs em Changai e em Londres, 2011.

Flash Mob em Belo Horizonte, 2011.

Já imaginou fazer uma *flash mob*?

Pense individualmente numa ação que poderia ser feita por sua turma em um momento da hora do intervalo e escreva abaixo. Justifique sua proposta.

Ação:

_____

_____

_____

Justificativa:

_____

_____

- A classe vai discutir as ideias que cada um apresentar e escolher uma para realizar na escola.

Refletindo mais

Como oferecer arte a todos?

Escreva um texto sobre o tema desta unidade, arte para todos. Algumas sugestões que você pode usar ao escrever:

- Explicar por que é importante que todos tenham contato com a arte.

- Comparar a arte exposta nos museus e galerias com a arte feita para ficar na rua.

- Comentar as obras de que você mais gostou nesta unidade.

- Dar exemplos de arte que está nas ruas e que você observou em sua cidade.

Imagine que você foi convidado a transformar um ônibus

Lembra do ônibus *Carne,* da artista Carmela Gross?

Que intervenções você faria em um ônibus que visitaria todas as escolas de sua cidade?

Escreva e desenhe sua ideia:

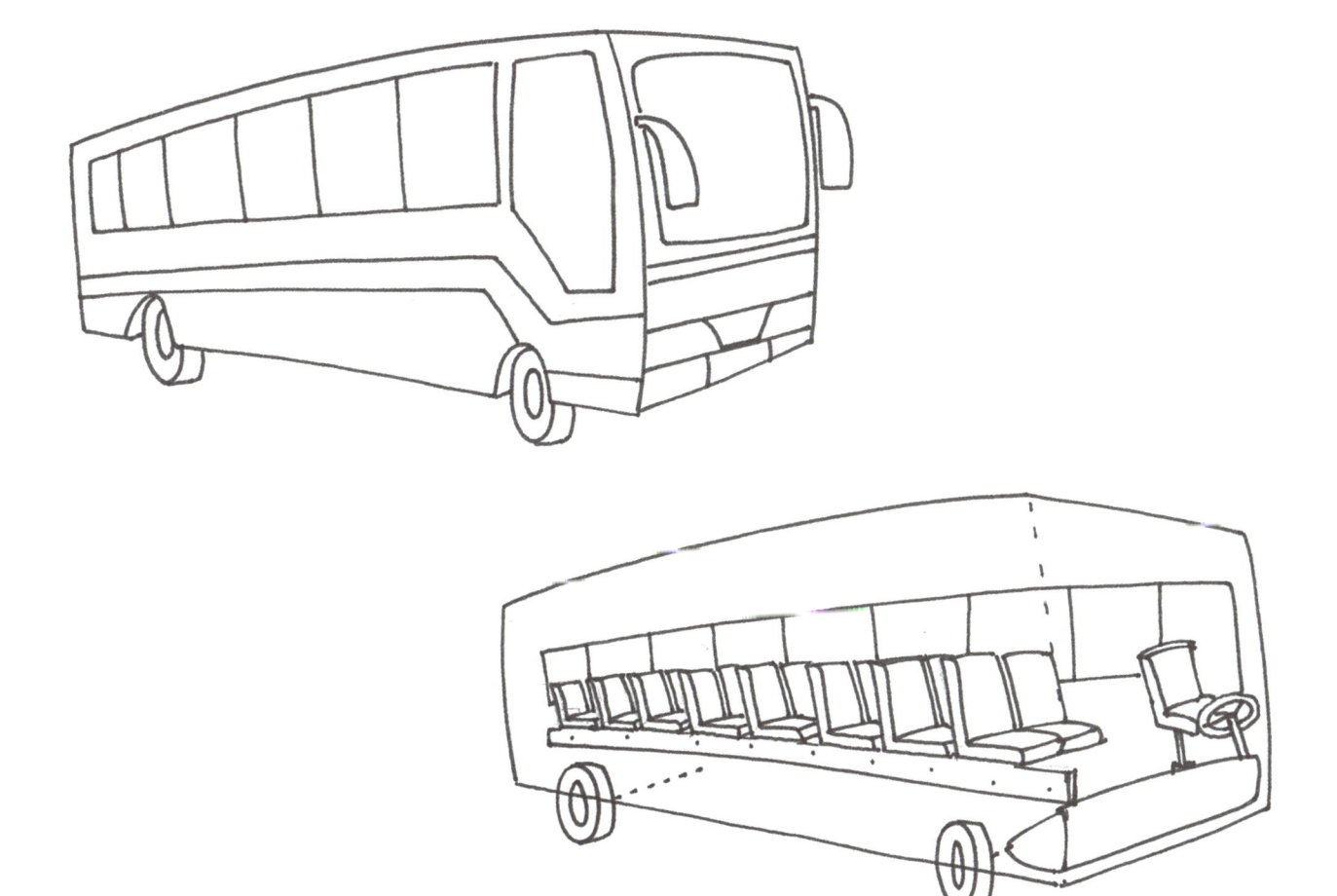

Título: _____

Ideia: _____

_____

_____

- Que tal conhecer as ideias de seus colegas e mostrar-lhes a sua?

De leitor para leitor

UNIDADE 1 — Histórias em quadrinhos e desenhos animados

LIVROS

- **A arte dos quadrinhos**

    Raquel Coelho. São Paulo: Saraiva, 2007. Coleção No Caminho das Artes.

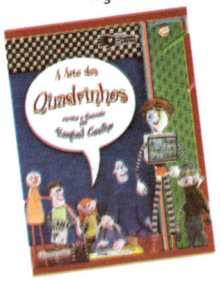

    Este livro mostra o surgimento e a evolução dos quadrinhos até os dias atuais.

- **Como fazer história em quadrinhos**

    Juan Acevedo. São Paulo: Global, 1990. Coleção Contato Imediato.

    De maneira simples, este livro mostra como usar a linguagem nas histórias em quadrinhos.

- **A arte da animação**

    Raquel Coelho. São Paulo: Formato, 2000. Coleção No caminho das artes.

    Quer saber mais sobre animação? Pode começar lendo este livro!

UNIDADE 2 — Artistas imigrantes

LIVROS

- **Lasar Segall – O pintor de almas**

    Lia Zatz. São Paulo: Callis, 2001.

    Aqui você vai conhecer melhor a vida e as obras do artista Lasar Segall.

- **Frans Krajcberg**

    Roseli Ventrella e Silvia Bartolozzo. São Paulo: Moderna, 2006. Coleção Mestres das Artes no Brasil.

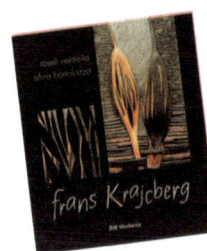

    Gostou dos trabalhos de Frans Krajcberg?

    Aprenda mais sobre seu trabalho como artista e protetor da natureza!

- **Bia na Europa**

    Ricardo Dreguer. São Paulo: Moderna, 2007. Coleção Viagens da Bia.

    Viaje com Bia para a Europa. Conheça Portugal e a Espanha e more com ela na Itália! Lá você encontrará muitas das raízes do Brasil e dos brasileiros. Boa viagem!

UNIDADE 3 — Texto e imagem fazem arte

LIVROS

- **As coisas**

  Arnaldo Antunes. São Paulo: Iluminuras, 1996.

  Este livro de Arnaldo Antunes é ilustrado com desenhos de sua filha Rosa, de quando ela tinha 3 anos!

- **Poesia visual**

  Sérgio Capparelli. Ilustrações de Ana Cláudia Gruszynski. São Paulo: Global, 2001.

  O autor e a ilustradora desses poemas brincam com a forma visual dos textos. Nesta obra, você encontra até mesmo poemas em forma de flores e bichos.

- **111 poemas para crianças**

  Sergio Capparelli. Ilustrações de Ana Cláudia Gruszynski. São Paulo: L&PM, 2003.

  Gosta mesmo de poesia? Então este livro foi feito para você. Nele você vai conhecer diversas maneiras de produzir poemas.

UNIDADE 4 — Arte para todos

LIVROS

- **Antonio Francisco Lisboa: O Aleijadinho**

  Angela Braga e Lígia Rego. São Paulo: Moderna. Coleção Mestres das Obras, 1999.

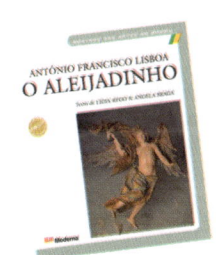

  Lendo esse livro você vai descobrir mais sobre o Aleijadinho, suas obras e a época em que viveu.

- **O mundo do grafite**

  Rogério Bettoni e Nicholas Ganz. São Paulo: WMF Martins Fontes, 2010.

  Neste livro, você encontra obras de mais de 180 artistas do mundo todo, inclusive do Brasil.

- **Vistas e paisagens do Brasil**

  Nereide Schilaro Santa Rosa. São Paulo: Pinakotheke, 2005.

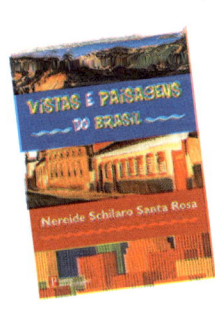

  Nesse livro, você vai conhecer as paisagens do Brasil pelo olhar de diversos artistas.

Créditos das fotos

(da esquerda para a direita, de cima para baixo)

As imagens identificadas com a sigla CID foram fornecidas pelo Centro de Informação e Documentação da Editora Moderna.

p. 3	TWPhoto/Corbis/Latinstock.
p. 8	Mauricio de Sousa Produções Ltda; Mixer e Cite-Amérique. 2009. Radar Cinema e Televisão Ltda. – 4469101 Canada Inc. Todos os direitos reservados.
p. 9	Mixer e Cite-Amérique. 2009. Radar Cinema e Televisão Ltda. – 4469101 Canada Inc. Todos os direitos reservados.
p. 10	Mauricio de Sousa Produções Ltda.; Ziraldo.
p. 11	Ziraldo; Mauricio de Sousa Produções Ltda.
p. 12	Laerte.
p. 14	Ronilço Cruz de Oliveira.
p. 16	© 2012 Gerard Way. Courtesy of Dark Horse Comics.
p. 18	Science & Society Picture Library/SSPL/Getty Images.
p. 20	Douglas Kirkland/Corbis/Latinstock.
p. 21	Paulo Manzi/CID.
p. 22	Illustrated London News Ltda./Mary Evans/Otherimages; The Granger Collection/Otherimages; CNAM/Archives Charmet/Bridgeman/Keystone; Adam Hart-Davis/SPL/Latinstock.
p. 24	TWPhoto/Corbis/Latinstock; Louie Psihoyos/Science Faction/Corbis/Latinstock.
p. 25	Mixer e Cite-Amérique. 2009. Radar Cinema e Televisão Ltda. – 4469101 Canada Inc. Todos os direitos reservados.
p. 26	Fotos: Mixer e Cite-Amérique. 2009. Radar Cinema e Televisão Ltda. – 4469101 Canada Inc. Todos os direitos reservados.
p. 28	Nathália Turchet/FMC; Denise Durand Kremer.
p. 29	Liga Fanzine.
p. 30	Arquivo Fotográfico FASVS, Lisboa. Licenciado por AUTVIS, Brasil, 2012; Irmo Celso/Editora Abril; Arquivo do artista.
p. 31	Arquivo fotográfico Lasar Segall – Museu Lasar Segall-IBRAM/MinC; Acervo Família Flexor, Paris; Instituto Manabu Mabe – Arquivo da família Mabe.
p. 32	Acervo do Museu Lasar Segall-IBRAM/MinC.
p. 33	Museu de Arte de São Paulo Assis Chateaubriand; Acervo do Museu Lasar Segall-IBRAM/MinC.
p. 34	Museu de Arte Contemporânea da USP; Hofer, Karl Johannes Christian/Licenciado por AUTVIS, Brasil, 2012 – Coleção Von der Heydt-Museum.
p. 36	Coleção particular, Paris; Coleção Particular, SP.
p. 37	Kandinsky, Wassily/Licenciado por AUTVIS, Brasil, 2012 – Museu de Arte Moderna – MoMA, Nova York.
p. 38	Rubens Chaves/Pulsar Imagens; Juca Martins/Olhar Imagem; Delfim Martins/Pulsar Imagens; Guilherme Lara Campos/Futura Press.
p. 39	Corel/Stock Photos; Renata Mello/Pulsar Imagens.
p. 41	Instituto Lina Bo e P. M. Bardi.
p. 42	Fotos: Fernando Favoretto.
p. 43	Instituto Manabu Mabe.
p. 44	Celso Eiji Tanimoto/Instituto Manabu Mabe; Celso Eiji Tanimoto/Instituto Manabu Mabe.
p. 46	Fotos: Arquivo do artista.
p. 47	Frans Krajcberg – Arquivo do artista; Photodisc/Getty Images – igreja de San Pietro in Vincoli, Roma (Guia e recursos didáticos).
p. 48	Fotos: Frans Krajcberg.
p. 49	Hélvio Romero/Agência Estado; Eduardo Knapp/Folhapress.
p. 50	Frans Krajcberg.
p. 52	Fotos: Arquivo Fotográfico FASVS, Lisboa. Licenciado por AUTVIS, Brasil, 2012.
p. 53	Fotos: Arquivo Fotográfico FASVS, Lisboa. Licenciado por AUTVIS, Brasil, 2012; SILVA, Maria Vieira da/Licenciado por AUTVIS, Brasil, 2012.
p. 54	SILVA, Maria Vieira da/Licenciado por AUTVIS, Brasil, 2012 – Centro de Arte Moderna da Fundação Calouste Gulbenkian, Lisboa; SILVA, Maria Vieira da/Licenciado por AUTVIS, Brasil, 2012.
p. 55	irin-k/Shutterstock.
p. 58/59	Jonathas Andrade – Coleção do artista.
p. 60	Jonathas Andrade – Coleção do artista.
p. 61	Jonathas Andrade – Coleção do artista.
p. 62	Fábio M. Salles/Folhapress.
p. 64	Fotos: Coleção particular, SP. Rubens Gerchman/Inarts Licenciamento de Artes Visuais Ltda. – Coleção particular, São Paulo.
p. 66	Silvio Luis Pinhatti. Fernando Laszlo.
p. 67	Arnaldo Antunes.
p. 70	Museu de Arte Moderna, RJ. Janete Longo/Agência Estado (Guia e recursos didáticos).
p. 72	Foto Fernanda Figueiredo.
p. 73	Foto Nelson Kon. Foto Fernanda Figueiredo.
p. 76	Coleção particular.
p. 78	Cortesia da artista.
p. 79	Fotos: Pinacoteca do Estado de São Paulo, São Paulo
p. 80	Fotos: Pinacoteca do Estado de São Paulo, São Paulo
p. 81	Pinacoteca do Estado de São Paulo, São Paulo
p. 82	Tomasz Stanczak/Agência Gazeta/Reuters/Latinstock; SILVEIRA, Regina/ Licenciado por AUTVIS, Brasil, 2012.
p. 86/87	Foto: João Nitsche; Carmela Gross.
p. 88	Ricardo Azoury/CID.
p. 89	Fotos: Alex Salim.
p. 90	funkyfood London – Paul Williams/Alamy/Other Images; Chris Rout/Alamy/Other Images.
p. 92	OROZCO, Jose/Licenciado por AUTVIS, Brasil, 2012 – Museu de Arte Moderna – MoMA, Nova York.
p. 94	OROZCO, Jose/ Licenciado por AUTVIS, Brasil, 2012 – Museu de Arte Moderna – MoMA, Nova York.
p. 96	Fotos: Caetano Barreira/Olhar Imagem.
p. 97	Fotos de Keith Haring e de suas obras: The Keith Haring Foundation – 1985 Muna Tseng Dance Projects, Inc. New York; The Keith Haring Foundation. 2007 Mosstika / Foto: József Vályi-Tóth.
p. 98	6emeia/Licenciado por AUTVIS, Brasil, 2012.
p. 100	Fotos: Eli Golande/Arquivo GrupoArac.
p. 101	Fotos: Arquivo GrupoArac.
p. 103	Christopher Felver/Corbis/Latinstock.
p. 104	Lucia Koch; Foto: José Paulo Luz Lacerda/CNI; Lucia Koch; Lucia Koch.
p. 106	Pei Xin/Xinhua Press/Corbis/Latinstock; Ian Marlow/Demotix/Corbis/Latinstock; Alexandre Guzanshe/EM/D.A Press.
p. 109	Foto: João Nitsche.

Encarte referente à página 19.

Encarte referente à página 19.

Adesivos referentes à página 102.

Adesivos referentes à página 102.